T0105867

Un estudio exhaustivo de la Epístola de Santiago

CLAUDIO KZOOKY RODRIGUEZ

Edición: Lic. Perla Ruth Céspedes Cabriales

Número de Control de la Biblioteca del Congreso de EE. UU.:   2015906917
ISBN: Tapa Blanda   978-1-5065-0381-3
                   Libro Electrónico   978-1-5065-0380-6

El texto Bíblico ha sido tomado de la versión Reina-Valera © 1960 Sociedades Bíblicas en América Latina; © renovado 1988 Sociedades Bíblicas Unidas. Utilizado con permiso. Reina-Valera 1960™ es una marca registrada de la American Bible Society, y puede ser usada solamente bajo licencia.

Información de la imprenta disponible en la última página.

Fecha de revisión: 13/05/2015

Para realizar pedidos de este libro, contacte con:
Palibrio
1663 Liberty Drive, Suite 200
Bloomington, IN 47403
Gratis desde EE. UU. al 877.407.5847
Gratis desde México al 01.800.288.2243
Gratis desde España al 900.866.949
Desde otro país al +1.812.671.9757
Fax: 01.812.355.1576
ventas@palibrio.com
711633

índice

agradecimientos

Al Dios Eterno; sus bendiciones, misericordia y gracia han sido abundantes,
no tengo más que ofrendarle mi vida.

Al Centro de Bendiciones "Jesucristo es Rey",
han sido siempre una congregación extraordinaria,
estaré siempre agradecido con el creador por la oportunidad de
pastorearles, mi pasión es y será servirles.

prólogo

En las Insignias de la madurez Cristiana el autor Claudio Kzooky Rodríguez, nos muestra desde la Epístola del Apóstol Santiago, la posibilidad de marcar la identidad de una manera decidida.

Cualquiera que es probado, y resiste será un vaso adecuado para encarnar la revelación.

La unidad, es una de las claves que rompen los mitos de todos los tiempos de unirse o ser uno. Más aún, ser unánime. Para ello la fe es indispensable y juega un papel preponderante, para llegar a declarar con nuestra propia boca, seña y destino.

La lengua, va a desatar el incendio forestal o va a sorprendernos con el más alto honor de la Sabiduría o la paz. Esto sobrepasan las posibilidades humanas y entonces Dios viene en nuestro auxilio.

Planear, soñar y aceptar los retos es una manera de afilarnos para mantenernos en el centro de su buena, agradable y perfecta voluntad. Esta es una de las fases más intensivas, en cuanto a disfrutar lo que Dios quiere de nosotros. No hay nada que no ha de disfrutarse cuando hablamos de los propósitos de Dios para nosotros. No somos anacoretas sufriendo la inconformidad de vivir según Dios.

La administración financiera, es una de las áreas en la que necesitamos madurar un poco más. No es el propósito principal tener dinero, pero se necesita en cada etapa de la vida y por cantidades suficientes; que salgamos adelante en todas las esferas donde nos movamos. Luego, entonces, el carácter es desafiado a madurar a través de la gracia, la fe y la paciencia. Cualquier omisión en este reglón nos lleva a ignorar el deseo vehemente de la Gracia. No pedimos paciencia para madurar, sería tanto como pedir aflicciones. Se trata de solicitar Gracia para tener sustancia a la hora de la prueba. En hora buena, lea este documento y sea edificado de manera relevante.

Dr. Daniel de los Reyes Villareal

prefacio

Todo buen cocinero sabe que hay un instante determinado donde deberá apagar la estufa porque los alimentos ya están listos para ser servidos; donde el sabor ha llegado a su punto y los comensales podrán disfrutar de los alimentos sin que a estos les falte nada.

Ese punto, es el instante perfecto donde se sabe que todo proceso llega a su fin, a la meta que desde un inicio se ha trazado. La naturaleza, dirigida por el sabio creador nos da pruebas evidentes de lo que es un proceso y aún más, nos enseña que la vida está llena de ellos para alcanzar un fin determinado.

La maduración en los frutos es todo un proceso magnífico, apenas notable para la percepción humana. Se dice que el etileno, una fitohormona natural en cada planta; acelera la maduración con significativos cambios. La degradación de la clorofila y la pectina mientras que aparecen los antocianos y los carotenos, hacen más que evidente que el fruto se encuentre sobre lo que los botánicos llaman: "estrés de la planta" indicando que dicha naranja, plátano, manzana, pera, mandarina o como sea el fruto que ahora estés imaginando pronto podrá ser degustado apeteciblemente por el paladar humano. El almidón presente en la planta cambia radicalmente su estado transformándose en azúcar que reduce la acidez y le da un sabor único al fruto que tengamos en las manos. Podríamos decir que cuando ya ha pasado toda esta serie de evoluciones, el fruto está listo para ser degustado, en otras palabras, está totalmente maduro.

¿Qué de la madurez en las personas? No todo aquel que ha avanzado en edad ha madurado. La diferencia es abismal y creerlo así solo trae como dividendos muchos problemas. Muchos creyentes adquieren problemas en la vida personal, en el hogar, en la iglesia, con cierto líder o con el pastor; asumiendo casi siempre el papel de víctimas. Pueden llegar a ser victoriosos pero al enfrascarse en su inmadurez no se permiten visualizar mejores alternativas para desarrollar el potencial que aún desconocen que llevan consigo.

Creo convincentemente en el retorno de Cristo a la tierra y que viene por hijos no por impíos. Creo que Dios tiene un ejército de hombres y mujeres maduros, preparados para toda clase de obra buena y no una guardería de niños berrinchudos donde se pican los ojos unos a otros. Imperativamente es urgente desarrollarse y crecer en la vida cristiana, ya que definitivamente el que no crece: muere. Los hay en muchas congregaciones, cristianitos inmaduros que son como la piedra en el zapato que no permiten que la iglesia avance y crezca. Muchos Diótrefes que les encanta ser los primeros en todo, llamando la atención con sus nefastas actitudes; sin embargo, son de los Demetrios los que la verdad da testimonio de ellos que realmente son salvos y plenamente maduros. (3 Juan 1:9-12) ¡Comencemos juntos a crecer! Jesucristo viene por su pueblo y no puedes permitirte perder.

A continuación, descubriremos Doce Insignias que te condecorarán al evidenciar que has crecido espiritualmente, y que estás listo para ayudar a crecer también a otros. Te recomiendo no leer más de un capítulo diario para que puedas meditar durante el día y así llevar cada aprendizaje a la acción. Leerlo en familia o grupos pequeños, comentándolo y aprendiendo en conjunto, harán de éste una experiencia fantástica en tu ascenso de equipo hacia la madurez. Al final, podrán realizar un examen diagnóstico, comprobando así el grado de Madurez Espiritual entre los miembros del grupo; Motiva siempre a crecer: ¡Un cristiano que crece, es un cristiano con vida! Y sin tantos rollos... ¡Que comience nuestro desarrollo!

1. tiempos de madurar
Introducción

♣ **¡FELICIDADES, YA HAS NACIDO DE NUEVO!**

La perfección se moldea cuando el alfarero toma la vasija de barro en sus manos y pule todas sus asperezas; así como el escultor golpea la masa con el martillo deja caer al suelo lo que no se verá bien en su escultura, y solo la pieza terminada se exhibirá para que todos la contemplen. ¡Mira que maravillosa obra de arte ha hecho el alfarero! ¡Experimenta lo que Dios puede hacer contigo! Hoy, te susurra al oído con su lenguaje de amor... Escúchalo, pues estás a punto de que tu vida jamás sea la misma.

Dios, como el soberano escultor de nuestras vidas nos moldea con finos detalles cada día a fin de ser portadores de la gloria que es pertenecer a su familia como sus hijos. Las transformaciones, aunque pequeñas en un principio van subiendo al tenor de nuestra madurez que adquirimos al crecer en su palabra, progreso que es evidente en lo que comúnmente denominamos "nuestro testimonio" que no es otra cosa más que mostrar con hechos que hemos pasado de oscuridad a luz, de muerte a vida, del pecado a la santidad. El apóstol Pedro lo explica con claridad cuando dice: "...*vosotros que en otro tiempo no erais pueblo, pero que ahora sois pueblo de Dios; que en otro tiempo no habíais alcanzado misericordia, pero ahora habéis alcanzado misericordia*" 1 Pedro 2:10. Cuando decidiste seguir a Cristo algo extraordinario sucedió. ¡Naciste de Nuevo! Y el gozo que ello conlleva invadía todo tu ser ¿lo recuerdas? ¡Qué sensación más maravillosa! Sin embargo, debes saber que así como de una semilla se desarrollará al ser una planta, un bebé crecerá hasta ser adulto, es imperativo que tú también crezcas espiritualmente. Tu crecimiento no depende del tiempo que tengas asistiendo a una iglesia, leyendo buenos libros o porque te oren y ministren. El crecimiento es natural así como en las plantas o en las personas cuando están sanas, éste proviene de Dios (1 Corintios 3:6) y lo obtenemos en la medida en que nos llenamos más de Él. Toda la Biblia siendo inspirada por Dios es útil para nuestro desarrollo, no obstante, creo que la carta de Santiago es fundamental cuando se trata de hablar de madurez, no solo porque encuentro teoría interesante sino que además la considero muy práctica, comprensible y actual a todo lector que desee ser desafiado a ser un auténtico cristiano maduro. Sin más preámbulos, comencemos por el principio.

♣ ¿QUIEN ERA SANTIAGO?

En su carta a la iglesia judía dispersa, el autor se introduce en el primer versículo: *"Santiago, siervo de Dios y del Señor Jesucristo, a las doce tribus que están en la dispersión: salud."* Santiago era un nombre popular. Forma parte de la raíz hebrea "Yago" el mismo denominativo del nombre de Jacobo, o sea que, ambos vienen a identificarse. Hay una serie de personajes con este nombre en el Nuevo Testamento, ¿Pero quién realmente de ellos es el escritor de la carta? Veamos algunos de ellos.

Santiago, hijo de Zabedeo y hermano de Juan, era uno de los más prominentes en llevar este nombre, de oficio pescador. Cuando fue llamado por Jesús le siguió convirtiéndose en uno de sus discípulos a quienes después él, y su hermano Juan serían apodados por Cristo como "hijos del trueno", tal apodo se debía a su gran impulsividad (Marcos 3:17, Lucas 9:51-56) y fue uno de los primeros en dar su vida por el evangelio al ser asesinado por Herodes en el 44 d.C. (Hechos12:1-2).

Santiago hijo de Alfeo, era otro de los discípulos de Jesús (Mateo 10:13, Hechos 1:13) pero se conoce muy poco de él. Mateo (Levi) también es identificado en las sagradas escrituras como hijo de Alfeo (Marcos 2:14) y algunos deducen que estos dos eran hermanos, sin embargo, no hay ninguna indicación bíblica que lo denote.

Santiago, el padre de Judas el discípulo. Este hombre es aún más oscuro que el Santiago mencionado anteriormente (Lucas 6:16) Este Judas fue llamado así para distinguirlo de Judas Iscariote. Y por último: Santiago, hermano de Jesús. Este parece ser el más indicado candidato para que sea el autor de la carta que tenemos a nuestra vista. Claro, él no se identifica de esta manera sino que humildemente se llama a sí mismo un servidor de Dios y del Señor Jesucristo. El hecho de que el Mesías tuviera hermanos y hermanas, está claramente evidenciado en las sagradas escrituras, (Mateo 13:55 y 56; Marcos 6:3) además encontramos que uno de sus hermanos era Santiago, aunque debe entenderse que era "medio hermano" ya que Jesús no fue concebido por José como lo fue Santiago, sino por obra del Espíritu Santo.

Santiago al igual que sus hermanos no creían en la divinidad de Jesús durante su ministerio terrenal (Juan 7:1-5, Marcos 3:31-35), sin embargo su visión se tornó diferente luego del episodio en el aposento alto (Hechos 1:13 y 14) ¿Qué fue lo que cambió esa incredulidad en fe? En 1 de Corintios 15:7 están los argumentos convincentes de que Jesús se apareció a Santiago después de la resurrección, y esto le convencería totalmente de que Jesucristo era realmente quien decía ser, el Salvador del Mundo, de allí que el compartió este conocimiento con sus hermanos.

Santiago llegó a ser el anciano o pastor principal de la Iglesia de Jerusalén. Pablo lo reconoció como "pilar" en la Iglesia del Primer Siglo (Gálatas 2:9); Fue el dicho apóstol quien presidió el Primer Concilio registrado en la historia del cristianismo en Hechos capítulo 15. Además, cuando Pedro fue liberado de la cárcel (Hechos 12:17), le envió un mensajero especial a Santiago, y cuando Pablo visita Jerusalén, fue a Santiago llevándole los saludos especiales y la ofrenda de la Iglesia de Jesucristo compuesta de los gentiles (Hechos 21:18-19). Aunque no existen pruebas bíblicas, la tradición nos indica que Santiago sufrió como mártir en el 62 d.C. Los fariseos, quienes odiaban a Santiago por su testimonio y predicación, lo llevaron adentro del templo y lo castigaron hasta que murió, la historia confirma que al exhalar su espíritu exclamó las mismas palabras del maestro "Padre perdónalos, porque no saben lo que hacen".

♣ ¿QUÉ CLASE DE HOMBRE ERA SANTIAGO?

El apóstol fue un hombre de mucha influencia y poder espiritual, pues ganó el liderazgo de la iglesia en un corto tiempo. Lleno, absolutamente del Espíritu Santo; Su madurez, se le puede apreciar en Hechos cap. 15 donde permitió con sabia mansedumbre que todos expresaran su opinión; luego, manteniendo la paz, llegó a conclusiones espirituales basadas en las escrituras. El apóstol Pablo en 1 Corintios 9:5, sugestiona que era un hombre casado y la tradición nos dice, que era un hombre de ferviente oración, posiblemente esto explique el énfasis que le da a ésta en su carta apostólica.

Santiago como todo judío, creció y fue educado en la tradición y en la ley Mosáica. Y no cabe duda que la mención a la ley y el legalismo que ella imparte se ve reflejado en la Epístola. Además, encontramos cincuenta verbos mencionados de una forma imperativa en la carta. Por lo tanto concluyo que no era el tipo de hombre que sugestionaba sino que comandaba. Hace mención al Antiguo Testamento solo cinco veces, pero nos da alusión a muchos pasajes de éste a través del estudio de su carta. No obstante, dentro del marco de su incredulidad, presto siempre atención a las enseñanzas de Jesús, ya que en la carta encontramos numerosas alusiones a las plenarias del mesías, particularmente en referencia al sermón del monte. Compare estos ejemplos, en los cuales se nota el énfasis de las enseñanzas de Cristo.

Santiago 1:5 – Mateo 7:7-12
Santiago 1:22 - Mateo 7:21-27
Santiago 4:11-12 - Mateo 7:1-5
Santiago 5:1-3 - Mateo 6:19-21

Mantenga siempre en mente que Santiago era el líder de la iglesia de Jerusalén en tiempos sumamente difíciles, en donde la polémica judío-cristiana era el tema en boca de los pueblos donde se predicaba el evangelio, mayormente en el mundo judío que vivía a expensas de la sombra de la ley sin reconocer aún la luz de la gracia redentora de Jesucristo como el Mesías y Salvador del Mundo. (Hechos 21:20)

♣ ¿A QUIÉN LE ESCRIBIO SANTIAGO?

El capítulo 1 versículo 1 *"...a las doce tribus que están esparcidas: salud."* Santiago escribió a los judíos que vivían fuera de su tierra, Palestina. El término *"doce tribus"* significa literalmente la nación de Israel. También podemos afirmar que el escritor envió esta carta a judíos cristianos. A lo menos diecinueve veces él les llama "hermanos"; no solamente indicando que son hermanos en la carne, sino que son hermanos en la fe a través de nuestro Señor Jesús.

El apóstol siempre fue muy claro en cuanto a la doctrina del nuevo nacimiento espiritual (cap. 1:18) tema con el que comenzamos hablando en este capítulo. El término "dispersión" que utiliza fue usado para identificar a los judíos que vivían fuera de la tierra de Palestina, aunque la palabra griega de este mismo vocablo, lleva implícita la idea de esparcir semilla como en una plantación. Los judíos-cristianos fueron esparcidos a razón de la persecución en el Siglo I y Dios se valió de la misma para esparcir la semilla del evangelio en los usufructuables lugares por donde quiera que estos fueran.

♣ ¿POR QUÉ MOTIVOS ESCRIBIÓ SANTIAGO?

Cada una de las cartas en el Nuevo Testamento tiene un tema especial, un propósito y un destino. Pablo escribió la Epístola de los Romanos para preparar a los cristianos de Roma antes de su visita. I Corintios fue enviada a la iglesia de Corinto para ayudarles a corregir ciertos problemas de santidad que tenían como congregación. La carta a la iglesia de Galacia con el fin de avisarles del peligro del legalismo y de los falsos maestros que surgían en aquella época.

Al leer la Epístola de Santiago, descubrimos que estos cristianos-judíos tenían ciertas dificultades personales y en la comunión congregacional, por una parte pasando por pruebas, por otro lado batallando con tentaciones. Algunos creyentes se interesaban en ser solo amigos de los ricos, mientras que otros eran saqueados por estos. Al mismo tiempo había cuantiosas rencillas por ser maestros en la iglesia, queriendo llamar la atención de todos; muchos vivían cegados en una realidad virtual como "cristianos" pero su actuar delataba la vida pecaminosa que alimentaban; por encima de ello, la lengua formaba un serio problema al punto de crear acérrimas contiendas, chismes y divisiones en la asamblea. A semejanza de la magnitud de dichas mermas, se encontraban las vidas mundanas que añadían más y más problemas a los ya existentes, tan es así que muchos miembros desobedecían tajantemente la palabra de Dios sin parecer importarles, por lo que consecuentemente se encontraban enfermos tanto física como espiritualmente. ¡Oh Dios, qué iglesia!

Al observar con curiosidad la lista de problemas ¿Podríamos aseverar que no son tan distantes a los que en la actualidad tiene que enfrentar la iglesia de Cristo? ¿No es cierto que hoy en las congregaciones muchos sufran por una razón u otra? ¿No es cierto que haya hermanitos bien intencionados que hablan tan elocuente de su "consagrada" vida espiritual pero que realmente viven alejados de Dios y su palabra? ¿No es la mundanalidad un problema actual en el que al pecado se le ha cambiado de denominativo para no escandalizar y ser así retrógradadas? Bien sabemos de aquellos que no pueden controlar la lengua al día de hoy y pareciera en verdad que Santiago nos está describiendo desde una perspectiva muy puntual y no a la iglesia del primer siglo. Sin embargo, aunque parece que el autor está discutiendo una serie de tópicos aislados, más bien estos tienen una causa común: Los hermanos son espiritualmente inmaduros, sencillamente porque los mismos no habían desarrollado plenamente su nueva vida en Cristo, de aquí que podríamos especular en que la carta de Santiago recibiera el nombre de "Las Insignias de la Madurez Cristiana". El apóstol usa el vocablo "perfecto" o "completo" en reiterantes ocasiones, (Cap. 1:4,17,25; 2:22; 3:2, etc.) este término, desde el idioma original viene a significar "ser maduro" o bien, tener una sabiduría completa. La misma palabra no da la idea de alguien que ya no tiene pecado, sino por el contrario a un discípulo que ha alcanzado una vida con un equilibrio espiritual perfecto.

La madurez espiritual, es la necesidad más grande en la iglesia de Cristo actual. Desde mi experiencia pastoral he podido observar que muchas iglesias locales son como corralitos para bebés, en lugar de ser un taller de trabajo para adultos. La feligresía no es lo suficientemente madura como para tomar alimento sólido y los ministros aún tienen que continuar dándoles leche en lugar de vianda (Hebreos 5:11:14) Note con atención los problemas con los que tiene que tratar Santiago y se dará cuenta que cada uno de los mismos son las características de un niño y no de un adulto:

1. Impaciencia en las dificultades (Cap. 1:4)
2. Hablar la verdad pero no vivirla (Cap.1:4)
3. No tener control de la lengua (Cap. 3:1)
4. Pelearse unos a otros teniendo envidias (Cap. 4:1)

Convincentemente creo que la inmadurez es el problema número uno de la iglesia local del siglo XXI, detiene el crecimiento centrando nuestra atención en futilidades y asuntos banales, creando problemas innecesarios de los cuales lo único resultante son mermas y cuantiosas pérdidas convirtiéndonos infructíferos en el reino. Hoy más que nunca Dios está buscando hombres y mujeres maduros para confiarles un ministerio, y temo que lo que muchas veces Él encuentra son pequeños niños berrinchudos peleándose entre ellos.

Los cinco capítulos de esta carta nos sugestiona a las cinco características principales de la madurez cristiana y en definitiva un bosquejo sencillo de la Epístola seria el siguiente:

- Primero, el cristiano maduro es paciente en la prueba (Capitulo 1)
- Segundo, el cristiano maduro practica la verdad (Capitulo 2)
- Tercero, el cristiano maduro tiene control de sus palabras (Capitulo 3)
- Cuarto, el cristiano maduro es un pacifista y no un guerrillero (capitulo 4)
- Quinto, el cristiano maduro ora en los momentos de dificultad (capitulo 5)

Claro está que existe un sinfín de excelente literatura que ronda alrededor de la carta de Santiago y cada uno de los ministros de Dios que ha escrito, encuentra diversas facetas que exponer, sin embargo, pretendo con este aporte desmenuzar la Epístola para que juntos encontremos soluciones a las necesidades espirituales y cognoscitivas respecto al crecer en nuestra madurez. Haga de este manual un ejemplar práctico y dinámico en su ascenso hacia una vida espiritual plena. He aquí, Doce Insignias que garantizarán si su vida espiritual está creciendo y que realmente está preparado para que cuando tenga que dar cuentas, escuchar: *"Bien, buen siervo y fiel; sobre poco has sido fiel, sobre mucho te pondré; entra en el gozo de tu Señor." (Mateo 25:21)*

Amigo lector: Reitero que no todo el que envejece se hace más sabio, hay una diferencia abismal entre edad y madurez. Los hay quienes después de treinta o veinte años en el evangelio, el evangelio aún no ha nacido en ellos y quienes el evangelio nació y creció rápidamente, siendo manifiesto en los frutos apacibles de justicia que los mismos emanan a caudales abundantes. ¿Qué hace la diferencia? "Madurez", si: la madurez cristiana. Permítame desafiarle con una pregunta: ¿Ha avanzado en tiempo en el evangelio sin ser maduro? ¿Le gustaría conocer cuáles son las ricas bendiciones que Dios solo confiaría a sus hijos mayores y no a los niños berrinchudos? La Epístola en sí es apasionante para entender el plan de Dios y el poder examinarnos a nosotros mismos. No sabrá que: más tiene Dios que darle, que usted que pedirle, hasta que madure como hijo espiritualmente, comprendiendo así los grandes misterios del Reino. *"Pero también digo: Entre tanto que el heredero es niño, en nada difiere del esclavo, aunque es señor de todo; "(Gálatas 4:1)* ¡Ya no sea un niño espiritual! Los niños en nada difieren de los que aún viven en la esclavitud de las cadenas del pecado, siendo oprimidos y victimizándose todo el tiempo, quejándose de los líderes, del pastor, de la pintura del templo, del calor, del frío y de cuanta cosa se les ocurra hablar, siempre verán y proferirán lo malo. ¡Déjese de trivialidades y niñerías, vea que su salvación está en juego! ¡Hoy es el tiempo de madurar!

♣PARA REFLEXIONAR

¿Me siento en ocasiones víctima de las circunstancias? ¿Qué estoy haciendo para crecer y madurar espiritualmente?

♣VERSICULO A DISCUSIÓN

Hebreos 5:12-14 *"...pero el alimento sólido es para los que han alcanzado madurez,..."*

♣FRASE PARA MEDITAR

"La inmadurez es el problema número uno de la iglesia local del siglo XXI, detiene el crecimiento y crea problemas innecesarios, haciéndonos infructíferos ¡Basta ya!" Claudio Kzooky Rodriguez

2. tornando la prueba en triunfo

La insignia de la prueba

Si ganar fuese fácil, ¿Qué sentido tendría ganar? Definitivamente: "no hay victoria sin haber conflicto". Se dice que un renombrado equilibrista convocó a las masas para que fuesen testigos de su titánica hazaña al cruzar las cataratas del *Niágara* en Canadá. Las principales cadenas de noticias y reporteros de todo el mundo se habían dado cita en el día y hora señalada. La muchedumbre estaba ávida de presenciar el tan esperado espectáculo, casi todos con sus dispositivos móviles tratando de filmar el heroico suceso. Se había sujetado una delgada cuerda que pendía de los extremos del río para hacer la travesía mucho más emocionante. El instante esperado por fin llegó. El equilibrista puso un pie en la cuerda sorprendiendo a la multitud al llevar consigo una carretilla que empujaba con lentitud mientras caminaba elegantemente con un pie al frente y otro detrás. El sonido del agua era impetuoso provocando un ambiente de intriga y nerviosismo entre los espectadores quienes no perdían de vista cada movimiento del osado equilibrista. Por fin, luego de tanto suspenso, puso un pie en tierra firme. La multitud enloqueció; las porras y los aplausos eran ensordecedores. Los periodistas, por su parte, no perdían el tiempo disparando fotografías para el día siguiente mencionarlo en primera plana. Cuando la tumultuosa ovación cesó el equilibrista hizo uso de un parlante:

-¿Cuántos creen que puedo volver a cruzar hacia el otro extremo?-

El júbilo no se hizo esperar y una vez más todos con sus manos en alto lo alentaban para que volviese a hacer la hazaña, en definitiva era evidente que todos creían en él.

-Bueno, los que creen que puedo volver a cruzar hacia el otro extremo del caudaloso río ¡Que se suban a la carretilla!- El silencio fue sepulcral, tal vez se hubiese escuchado ese famoso grillito (cri-cri) entre la fúnebre quietud. Todo mundo decía creer pero no estaban dispuestos a acompañarle en la carretilla.

Que atinada historia para comprender que muchos decimos creer en Dios pero a la hora de la prueba flaqueamos y nuestra confianza se desmorona evidenciando que tal vez desde un inicio no fuimos sabios al construir sobre la roca y en su defecto iniciamos nuestra vida espiritual en la arena. ¡No podemos permitirnos perder! Debemos estar conscientes que no importa donde construyamos, siempre la tempestad vendrá probando así la calidad de nuestra faena. ¿Es posible cambiar las pruebas en triunfos? ¡Por supuesto! La prueba podría definirla como dar un tour en la carretilla de Dios ¡Toda una aventura! En la que no debo temer ya que mi confianza en Él está siendo probada.

♣EXISTE UN CAMINO TRAZADO

Santiago, es el célebre personaje que te muestra el camino ya trazado hacia la plena realización de tu éxito que conlleva tornar tus pruebas en triunfos, y ésta será tu primer Insignia, se nos explica claramente que en realidad podemos ser parte de esa experiencia gloriosa que culminara en victoria. No importando que tan duras sean las pruebas que nos vienen desde afuera o las duras tentaciones con las que batallemos desde adentro. Nosotros, a través de la fe en Cristo hemos de experimentar el triunfo, porque Él venció nosotros también venceremos. Además de ello, el apóstol Santiago recalca que el resultado de esa victoria nos lleva a la Madurez Cristiana. Entonces, encontramos una valiosa premisa irrefutable "Yo no puedo ser maduro si no se me somete a una prueba" es inevitable y necesaria. Curioso es ver a cristianos que le tienen un horror a las "pruebas", muy por al contrario, debemos gozarnos en ellas porque sólo son evaluaciones de nuestro crecimiento espiritual, y siempre mi querido Israel, luego de un árido desierto vendrá la tierra que fluye leche y miel. Los discípulos del primer siglo enseñaban: *"...Es necesario que a través de muchas tribulaciones entremos en el reino de Dios" (Hechos 14:22).* Tal afirmación no evoca la idea de una mísera vida de sufrimientos, sino más bien que es imperativo que tengamos esos episodios de adversidad donde Dios probará nuestra dependencia en Él o nuestra fe a través de la adversidad. Ahora bien, para tornar nuestras pruebas en triunfos debemos obedecer a cuatro imperativos (órdenes) que nos da el escritor de la carta. He aquí la receta:

1. TENED Santiago 1:2
2. SABED Santiago 1:3
3. MAS TENGA Santiago 1:4
4. PEDID O PÍDALA Santiago 1:5

Para comprender más bien estos imperativos de una forma más explícita, podríamos decir, que los cuatro puntos esenciales para tener una gloriosa victoria sobre nuestras pruebas son:

1. Una Actitud Pacífica
2. Una Mente Comprensiva
3. Una Voluntad Rendida
4. Un Corazón que cree o es Sensitivo.

1. -TENED- O UNA ACTITUD PACÍFICA

Existen dos elementos para tener una actitud pacífica, el primero de ellos nos lo dice el versículo 2 y se trata de esperar las pruebas. ¿Cómo? ¿Debo de estarlas esperando? ¡Por supuesto! *"Hermanos míos, tened por sumo gozo cuando os halléis en diversas pruebas,..."*. Nótese que Santiago no dice "si os halléis en diversas pruebas"; por el contrario, nos explica claramente que esas pruebas van a venir, y cuando el comenta sobre ellas lo hace con un retórico estilo positivo y seguro. Nunca dando la posibilidad de que quizás vengan, sino que efectivamente afirmando que a todo cristiano le han de suceder. Por lo tanto, una actitud pacífica es de un cristiano que espera tener pruebas en su vida, no se sorprende, no se alborota ni lloriquea por lo que está pasando, sino que sabe que esa situación tenía que venir y la enfrenta con calma porque sabe que pasará, no durará por mucho, ni para siempre y luego de un oscura noche nublada por los torrenciales de la lluvia, vendrán a la mañana los destellos de los rayos del sol aclarando el día y dibujando un sonriente arcoíris, inundando de alegría a todo el que lo divise. Entonces: ¿Por qué preocuparte si sólo es un instante la prueba?

En el segundo elemento, Santiago nos habla de evaluar las pruebas *"Hermanos míos, tened por sumo gozo..."* Como podemos entender, él quiere que comparemos nuestra experiencia y la cambiemos en gozo. Es decir, nos está demandando que evaluemos lo que nos está sucediendo. Ahora debemos tener cuidado para ello, porque nuestros VALORES determinan nuestras EVALUACIONES. Si valoramos más el confort que el carácter, las pruebas nos producirán que estemos tristes. Si valoramos más lo físico y material, entonces no cantaremos con gozo cuando las pruebas lleguen. Si vivimos el presente y olvidamos el glorioso futuro, las pruebas nos amargarán por completo. Entonces: Ve tu futuro, visualízate y vive no como el que eres, sino como el que llegarás a ser. Quizás ahora solo tengas que aguantar a tus hermanos que se mofan de ti burlándose y haciéndote escarnio; porque odian tu túnica de colores, pero pronto llegarás o podrás ser el segundo de Faraón, claro, luego de algunas pruebas de santidad y preparación. Aún más, serás el príncipe de Egipto mi estimado José. Vive tu futuro como si ya existiera. ¿Por qué Dios nos permite sentir su presencia aquí en la tierra? Porque sólo es una evidencia de lo que disfrutaremos cuando estemos delante de Él por toda la eternidad, ¡Ese es nuestro gran futuro!

"Más el conoce mi camino; me probara, y saldré como el oro." Job 23:10. Mi amigo, para poder terminar con gozo las pruebas empieza con gozo a enfrentarlas, sin embargo, podrás hacerte las preguntas que alguna vez me hice: ¿Cómo puede ser? ¿Cómo es posible que yo me goce en las pruebas? Bien, el segundo imperativo nos dará las respuestas.

2. -SABED – O TENER UNA MENTALIDAD COMPRENSIVA

¿Qué es lo que los cristianos saben? ¿Qué es lo que hace que las pruebas se cambien en triunfos y saquemos beneficio de las mismas? Primero, el CRISTIANO MADURO sabe que su fe siempre será puesta a prueba. Cuando Dios llamó a Abraham, lo probó para que su fe pudiera crecer. Sí, Dios siempre nos prueba para sacar lo mejor de nosotros. Satanás nos tienta para derrotarnos, pero Dios nos prueba para saber que somos nacidos de nuevo, que Él puede confiarnos más bendiciones y que podemos ser responsables con todo lo que Él nos dé.

En segundo lugar, no solo nuestra fe es siempre probada sino también nuestras obras examinadas para que éstas nos beneficien, versículo 3: *"...sabiendo que las pruebas de nuestras fe producen paciencia."* Entonces, así deducimos que lo que obtenemos como resultado de toda nuestra voluminosa ecuación es: "La madurez cristiana", nuestro crecimiento espiritual.

¿Qué es lo que Dios desea producir en nuestra vida? Paciencia, durabilidad, resistencia. La paciencia yo la defino así, como "la habilidad para mantenernos firmes cuando las circunstancias son difíciles". Ahora, debemos entender que en la Biblia, ésta no es algo pasivo que acepta las circunstancias y se duerme en ellas, tal como Jonás lo haría en medio de una tormenta, cuando su barco está en peligro. Paciencia es tener perseverancia al enfrentarnos ante sufrimientos y dificultades. La gente que es inmadura siempre es impaciente, un niño al recibir un regalo, por sentido común, lo destapa al instante para ya jugar con su juguete nuevo, una persona madura, espera a que termine la fiesta, para abrir todos sus regalos. Los cristianos maduros son pacientes y persistentes. No se dan por vencidos, salen a la guerra, porque saben que la victoria nunca se comparará con la aflicción presente. Además, ¿Sabías que la impaciencia y la incredulidad siempre van juntas como hermanas inseparables, así como la fe y la paciencia? Las escrituras son muy claras al acentuar *"Sed imitadores de aquellos que por la fé y la paciencia heredan las promesas."* Hebreos 6:12, también *"...porque os es necesaria la paciencia, para que habiendo hecho la voluntad de Dios, obtengáis la promesa"* Hebreos 10:36. Sí, es verdad: Dios se empeña en hacernos pacientes porque esta es la llave a todas sus bendiciones y promesas. Si un niño pequeño no aprende a ser paciente y esperar, cuando crezca no aprenderá nada.

Cuando un creyente sabe esperar en Dios, entonces comenzará el proceso de hacer grandes cosas con él. Abraham se quiso adelantar a los planes de Dios, y se llegó a Agar trayendo así la tristeza y la derrota de su propio pueblo (Génesis 16:12). Moisés se quiso adelantar y cometió un homicidio (Éxodo 2:11) Y Pedro casi mata a un individuo por ser impaciente (Juan 18:10-11). Entonces, concluimos que la única manera en que nuestro creador desarrolla la paciencia en nuestro carácter, es a través de las pruebas en nuestra vida, di conmigo: ¡Benditas Pruebas!

La perseverancia, no se puede obtener leyendo un buen libro sobre "la madurez cristiana", ni escuchando un sermón, ni aun orando o ayunando. La perseverancia sólo se obtiene al pasar por las dificultades de la vida, al confiar en Dios y obedecerle. El resultado de una vida en obediencia a Dios, es que el individuo ha ganado paciencia. En definitiva, si conocemos qué es lo que Dios hace con nuestras pruebas, entonces al tener una mente compresiva podemos decir que ello nos dará una actitud pacífica ante cualquier adversa circunstancia. Al leer las historias de Abraham, José,

Moisés, David y aún de nuestro Señor Jesucristo, notamos de manera relevante que Dios tiene un PROPÓSITO en cada prueba. Satanás podrá derrotar a un creyente ignorante y mediocre pero nunca a un cristiano que conoce su Biblia, que la comprende y aprende a vivir los propósitos de Dios para su vida. Y ello nos encamina al siguiente imperativo.

3. -MÁS TENGA – O UNA VOLUNTAD RENDIDA

Dios no puede modificar nuestro carácter sin nuestro consentimiento y cooperación. Si nosotros le resistimos, Él entonces nos presiona para colocarnos en su misión. Si nos sometemos a Él entonces puede llevar a cabo su trabajo en nuestra vida. Dios, desea obrar de una forma perfecta en nosotros. Él está buscando un producto totalmente terminado, es decir, busca hacer de nosotros un trabajo perfecto y completo. Santiago lo clarifica en el versículo 4: *"Mas tenga la paciencia su obra completa, para que seáis PERFECTOS y cabales, SIN QUE OS FALTE COSA ALGUNA"* La perfección, se va puliendo entre más el alfarero tome la vasija de barro en sus manos y pula todas sus asperezas, aún, cuando el escultor golpea la masa con el martillo deja caer al suelo lo que no se verá bien en su escultura, y solo la pieza terminada se exhibirá para que todos la contemplen. Entonces decimos que la meta de Dios para cada cristiano es LA MADUREZ, que no es otra cosa, sino la pieza ya pulida siendo útil y de honra dentro del hogar. Sería una tragedia ver a un individuo de cuarenta años pero con una mentalidad de bebé, al que tienen que cambiar de pañal, llora por biberón, lo divierten con caricaturas y aún más le compran una paletita "cuando se porta bien" en las casas de los familiares. Lamentable ¿no es cierto?, nos alegra ver a los niños crecer y aun madurar cuando aprenden a tomar decisiones importantes por sí mismos. Sin embargo, hay cristianos que les huyen a las pruebas y como resultado NUNCA PUEDEN CRECER. Los he visto cientos de veces en la gran gama del espectro espiritual, pero allí, sin madurar. Saben que

Dios lo tiene todo, pero carecen de todo. Los he visto criticar a los pastores, porque no les entienden, los he visto cambiarse de iglesias porque allí sienten que ya no les dan amor y les asusta que se hable de responsabilidades, los he visto aun regresarse al pecado hablando sandeces en contra del creador, cuando nunca le permitieron a Dios tomar el control de su vida, ellos querían tomar el control de todo, al fin, niños espirituales cuando debieron ser ya maestros, crecer y madurar.

Dios debe trabajar en nosotros antes de trabajar a través de nosotros. Dios obró veinticinco años en Abraham antes de que le diera un hijo, Dios trabajó en José trece años, poniéndolo en diversas pruebas antes de llevarlo al trono de Egipto como Secretario de Estado. Dios trabajó ochenta años en Moisés para que él le pudiera servir por cuarenta años. Siempre nos va costar esperar los procesos de Dios para nuestra vida. Para ello debe de existir una mente y una voluntad que estén totalmente rendida a Él. El cristiano maduro no discute la voluntad de Dios, sólo la ejecuta, la obedece y se goza en ella. Pablo decía en Efesios 6:6 "...de corazón haciendo la voluntad de Dios." Si pretendemos ser maduros y no tenemos nuestra voluntad rendida, lo único que causaremos será más perjuicio en el Reino de Dios que beneficio, ello será desalentador y además nos producirá experiencias frustrantes. El famoso profeta de la ciudad de Nínive, luego de ser pasado por el pez gigante se encontraba impaciente como un niño, esperando a que toda la ciudad muriese, en el último capítulo de Jonás, lo encontramos furioso e histérico, hasta por el Sol que había, por la calabacera que nunca plantó, en fin, quizás sea un ejemplo del no tener una voluntad rendida al creador cuando no se trabaja en nosotros previamente.

En mi caminar cristiano, desde muy niño comencé a predicar, tenía apenas los ocho años de edad cuando ya me había parado en alguna docena de púlpitos en mi localidad, conforme paso el tiempo logré conocer muchos templos más, muchas audiencias diferentes en la Entidad como en otras del País, pude predicar a decenas como a multitudes de personas en grandes auditorios, pero fue hasta mis dieciocho años cuando Dios me habló directamente sobre la decisión que tenía que hacer de servirle. Dios trabajo diez años en mí, previo a mi primer pastorado a los diecinueve años de edad para luego obrar a través de mí. Fue tiempo de pasar procesos, difíciles muchos de ellos, fue tiempo de saber esperar y confiar en que habría un momento en el que podía ser útil en su obra y aún cada día sigo aprendiendo y pasando procesos significativos de los cuales creo que nadie estamos exentos, instantes que deben valorarse ¡Qué maravillosos momentos!

4. -PEDIR – O UN CORAZÓN SENSITIVO

Al leer la Epístola de Santiago nos damos cuenta que los cristianos a quienes escribió, tenían problemas con la oración, habitualmente en la actualidad existen también "cristianos inmaduros" que atravesando una prueba y desconociendo el porqué de la misma, piden a Dios que se las quite, como que si eso pudiera resolver su vida. (Cap. 4:1-3- Cap. 5:13-18). Cuando atravesamos dificultades ordenadas por Dios ¿Qué es lo que debemos orar? El escritor nos da la respuesta: Pidamos sabiduría. Dice el ver. 5:"*Y si alguno de vosotros tiene falta de sabiduría, pídala a Dios,...*" Santiago es el apóstol que nos habla de sabiduría (cap. 1:5-3:13 al 18) El pueblo judío era amante de la sabiduría y el Libro de los Proverbios es una evidencia de ello. "El conocimiento es la habilidad de poner las cosas separadas y la sabiduría es volverlas a juntar". Para mí, la sabiduría es el uso del conocimiento. Conozco a muchas personas muy educadas pero a la vez muy necias, ellos tienen un currículo académico brillante, pero son carentes de hacer alguna simple decisión de la vida. Ahora, ¿Por qué necesitamos sabiduría cuando atravesamos por las pruebas? ¿Por qué no orar por fuerzas y gracia, aún para salir de la prueba? Sí, debemos orar exclusivamente por sabiduría para no desperdiciar las oportunidades que Dios nos da de madurar. La sabiduría nos ayudará a entender cómo usar las circunstancias para nuestro bien y para la gloria de Dios y hasta entonces se cumplirá: "Todas las cosas a los que aman a Dios les ayuda a bien" (Romanos 8:28) Ahora bien, Santiago no solo nos dice qué es lo que debemos de pedir, sino que nos dice cómo la debemos de pedir. La debemos requerir con fe. En otras palabras, no debemos tener miedo de pedirle a Dios sabiduría para las circunstancias en que vivimos. Porque por otro lado, Dios está ansioso de respondernos. Y aún más, Él es poderoso para darnos más de lo que necesitamos. Si observamos bien en los versículos 6-8 el autor nos dice que el que duda, es como la ola del mar que en un minuto está arriba y ya en otro abajo, por demás esto no debe ser así. La fe dice "sí" y la incredulidad dice "no", entonces comienza a crearse la duda. ¿Recuerda usted? Fue la duda la que hizo que Pedro se hundiera mientras caminaba sobre el agua acercándose a Jesús. El maestro le dijo: "... ¡Hombre de poca fe! ¿Por qué dudaste?" (Mateo 14:22-33) Las distracciones que encontramos a nuestro andar nos llevan a ser personas de doble ánimo. Por un lado Pedro se vio confiando en las palabras de Jesús quien lo invitaba a caminar sobre las aguas pero por otro lado su ánimo se inclinaba a ver las circunstancias adversas de la tormenta amenazándolo con hundirlo. Y así, la misma historia de repite en el siglo XXI, muchos cristianos viven como un pequeño trozo de corcho entre las olas del mar, por arriba en un minuto (Domingo durante la ministración) y por abajo en el otro (Lunes por la mañana); van de un lado hacia a otro, sin rumbo. Yo les he denominado que tienen el síndrome del "Cristiano Chino" y no me refiero concretamente a los asiáticos sino que un día están Chi y otro día no, Chi-no, chi-no. Durante mis tiempos de secundaria recuerdo que el profesor de Física apodó a un compañero "El zombi" por su inestabilidad en una sola área del salón de clases, batallaba para estar quieto en un solo lugar y al regresar el maestro siempre le encontraba de pie mientras todo el grupo estaba sentado en sus mesabancos, era cómica la cara del compañero cuando el docente le sonreía en un tono amenazador para su mala calificación.

Pablo a estos "cristianos" les llama de otra forma peculiar en su carta a los Efesios en el capítulo 4 versículo 14 "... para que ya no seamos niños fluctuantes, llevados por doquiera de todo viento de doctrina, por estratagema de hombres que para engañar emplean con astucia las artimañas del error,..." Los niños son muy volubles, no saben tener palabra y ni aun poner en orden sus emociones, cuán parecidos somos cuando no hemos madurado espiritualmente. ¿Te suena familiar en algún "cristinillo" que ya estés pensando en recomendarle este libro?

Al cerrar este estudio Santiago lo hace con una bendición, versículo 12: *"Bienaventurado el varón que soporta la tentación; porque cuando haya resistido la prueba, recibirá la corona de vida, que Dios ha prometido a los que lo aman."* Sí, Santiago comienza con gozo (v 2) y termina también con gozo ¿Recuerda lo que le dije al principio? El comienzo determina tu salida, en otras palabras dice un refrán, "Lo que bien empieza, bien acaba" Esta actitud es de gran aliento al verdadero cristiano, porque le promete una corona a aquellos que pacientemente perseveran en sus pruebas. Pablo muy a menudo uso las ilustraciones atléticas en sus cartas y observamos que Santiago lo hace aquí también. Deseo que entienda bien que en este pasaje el autor no nos está diciendo que un pecador es salvo si tiene la habilidad de perseverar en sus tribulaciones, él dice claramente que el creyente es el que ha de ser recompensado si es perseverante en sus pruebas. ¿Qué clase de recompensa? En primer lugar, crecimiento en su carácter cristiano, es decir, ser más a la imagen de Cristo, lo cual es la razón de ser de las pruebas y lo más importante en el proceso. Además, también recibe recompensa al glorificar a Dios con su vida. Y de esta manera, recibir de Cristo en su retorno la corona de la vida. Lo primero que el cristiano recibe es la cruz, y al crecer en madurez cristiana, recibe luego de su salvador la corona de la vida. (Apocalipsis 2:10)

Primero, el cristiano se allega a los sufrimientos de Cristo, luego a su gloria. Dios no nos ayuda quitándonos de las pruebas, si no que nos ayuda en las prueba. Tal vez, Satanás quiera usar las pruebas para derrotarnos y piense que lo logra con ello, sin embargo, Dios usa las pruebas para reforzarnos.

En el versículo 12 Santiago recalca la palabra "amor", yo esperaba que el apóstol escribiera: la corona de la vida será para los que confíen en Dios, los que le obedecen, quizás los que oren mucho o ayunen en cantidades industriales, los que ofrenden con gran generosidad o los que aporten fielmente; pero no. ¿Por qué Santiago usa la palabra amor? Porque el amor, es la motivación espiritual detrás del imperativo de un corazón sensitivo. Donde hay amor, habrá un corazón obediente, un corazón rendido totalmente. ¿Por qué tenemos un corazón que cree? Porque amamos a Dios a través de nuestra fe. Cuando usted ama a alguien, usted confía en esa persona y no tiene miedo de llamarle, preguntarle o pedirle ayuda. El amor es la fuerza imperativa que funciona detrás del escenario que el inspirado autor nos plantea en esta porción de su carta. Si amamos a Dios, no tendremos problemas en tener una actitud pacífica, en buscar una mente comprensiva, en poner una voluntad rendida y abrir un corazón sensitivo. Un amor profundo al Señor, hará que tengamos también una fe relevante. Una persona de doble ánimo es como una esposa o un esposo infiel. Si usted quiere amar a Dios y al mundo, definitivamente no puede ser. Santiago en el capítulo 4 versículo 8, nos habla de una manera muy puntual y profunda; dice: "...*Pecadores, limpiad las manos; y vosotros los de doble ánimo, purificad vuestros corazones*".

Para concluir este capítulo sobre las pruebas podemos homologar nuestras perspectivas en una sola oración: "El propósito de Dios en las pruebas es nuestra madurez", si éste también es su paradigma; entonces, con una actitud pacífica, una mente comprensiva, una voluntad rendida y un corazón sensitivo caminaremos dándole gracias a Dios por cada prueba que se nos presente en el trayecto, teniendo ahora las herramientas para disiparlas y transformarlas en triunfos.

Amamos a Dios no por lo que nos dé sino por la paternidad que nos representa, ello es evidente al ser más como Él.

♣PARA REFLEXIONAR

¿Me encuentro amando totalmente a Dios a pesar de las adversidades?

¿Será mi vida espiritual a la imagen de Cristo? ¿Me espanta el tema de "pruebas" y trato de huirles o las asumo con madurez sabiendo que es solo una demostración de mi crecimiento espiritual? ¿Confió realmente en su poder salvífico en medio de mi tribulación?

♣VERSICULO A DISCUSIÓN

Job 23:10 *"Mas él conoce mi camino; Me probará, y saldré como oro."*

♣FRASE PARA PENSAR

"Ve tu futuro, visualízate y vive no como el que eres, sino como el que llegarás a ser. Entonces una sonrisa brotará de tus labios y con gozo saldrás aprobado" Claudio Kzooky Rodriguez

3. Encarando la tentación
La insignia de la resistencia

Un hombre con problemas de obesidad había decidido dejar de comer aquello que le hacía mal y nutría su obesidad. Un día, al pasear por cierta avenida en la cual se hallaba una tienda de pasteles y bocadillos dijo: "no pasaré cerca de esa tienda" y... después de un momento dijo: "bueno... ¿Qué de malo hay en que pase por el frente?". Con esto en mente se acercó poco a poco a la tienda y... una vez estando frente a los pasteles dijo: "¿Qué puede pasarme si entro a la tienda?... finalmente... no compraré ni un solo pastelillo" y entró a la tienda con esta idea. Ya estando dentro dijo: "bueno y... ¿Qué tiene de malo que compre un pastelillo y le dé solo una mordida?" y efectivamente, compró un pastelillo y lo mordió. A estas alturas ya se había consumado la tentación.

El cristiano maduro es un individuo que es paciente en las pruebas. Ahora bien, las pruebas pueden ser que provengan como hechos desde afuera del individuo y también tentaciones que se originan dentro del mismo. Las pruebas son enviadas por Dios para reforzar nuestro crecimiento, de otra manera serian tentaciones, las que son enviadas por Satanás, nuestro adversario, para dar aliento a la antigua naturaleza que estaba en nosotros. En este tercer capítulo hablaremos sobre las tentaciones. Quizás nos estemos preguntando: ¿Por qué Santiago conecta las dos? ¿Qué relación existe entre las pruebas y las tentaciones? Simplemente ésta: Si no tenemos cuidado, las pruebas que recibimos desde afuera pueden convertirse en tentaciones adentro de nosotros. Cuando las circunstancias son difíciles, tal vez nos encontramos quejándonos en contra de Dios, cuestionando su amor o resistiendo su voluntad. A este punto, Satanás provee una oportunidad para escapar de la prueba, de la dificultad. Esa oportunidad es una tentación (te recomiendo leer una vez más el párrafo anterior).

En la Biblia, podemos encontrar numerosas ilustraciones que nos dan luz sobre el tema. Por ejemplo, Abraham luego de arribar a Canaán se da cuenta de que la falta de alimentos era un problema mayúsculo, no había víveres suficientes para la gente ni para sus animales. Esta prueba fue una oportunidad para ver la reacción del patriarca en la necesidad ante el diagnostico divino, sin embargo, Abraham cambia esa prueba escapando de ella, saliéndose por la tangente y transformándola en tentación, cuando por la misma se deja llevar y se conduce a Egipto. Dejando de confiar en aquél que lo había llamado de Ur de los caldeos y poniendo su entereza en las finanzas de los egipcios, el pueblo pagano con mayor auge en el mundo antiguo dado a su espléndida civilización. Dios tiene que corregir a Abraham y traerlo nuevamente al lugar que Él le había preparado para que viviese y así pudo obedecerle y a la vez ser bendecido.

Por otro lado, cuando Israel daba vueltas en el desierto, muchas veces la nación cambió su prueba en tentación y aun tentaron al Señor. Apenas salidos en su éxodo de Egipto tuvieron que caminar por tres días sin agua; y cuando al final de este tiempo encontraron el agua, era tan amarga que no la podían beber. Inmediatamente comenzaron a murmurar contra Dios, entonces convengamos en que actuando de esa manera cambiaron la prueba en tentación y fallaron.

Llevando ambas historias a un plano comprensible para la generación del Siglo XXI, diríamos que la tentación es copiar en el examen de matemáticas cuando se presenta esta agradable oportunidad, no es malo el examen (este sería la prueba), lo negativo está en salirse de la prueba o esquivarla a nuestra manera (esto sería la tentación). La tentación entonces es aquella puerta que se abre en la prueba para no enfrentarla, además por lo regular siempre es deleitosa y reitero: agradable a la percepción humana.

INSIGNIAS DE LA MADUREZ CRISTIANA

Es un axioma irrefutable: Dios no quiere que cedamos a la tentación, pero tampoco puede evitar que pasemos por esta experiencia. Recuerda mi amigo que nosotros no somos el pueblo inmune de Dios, sino el pueblo esparcido por Dios (Santiago 1:1). Así que, si vamos a madurar debemos enfrentar las dificultades de la tentación. Ahora, el problema no está en ser tentados sino en caer en la tentación lo cual es muy diferente, por ello el maestro enseñaba a orar diciendo: "...y no nos dejes caer en tentación, mas líbranos del mal." en el Padre Nuestro. Entonces, para obtener Victoria en este plano deberíamos examinar tres hechos importantes que Santiago atrae a nuestra consideración. Primero, el apóstol nos llama a considerar el juicio de Dios sobre la tentación. En segundo lugar, nos apela a la bondad de Dios. Y como tercer lugar, nos llama la atención hacia la naturaleza divina que mora en nosotros. Observemos detenidamente cada uno de ellos y así tomaremos la fuerza vital en nuestro corazón para enfrentar la tentación de manera sabia y salir victoriosos.

♣CONSIDERE EL JUICIO DE DIOS

"Cuando alguno es tentado, no diga que fue tentado de parte de Dios; porque Dios no puede ser tentado por el mal, ni él tienta a nadie; sino que cada uno es tentado, cuando de su propia concupiscencia es atraído y seducido. Entonces la concupiscencia, después que ha concebido, da luz el pecado; y el pecado, siendo consumado, da luz la muerte. Amados míos, no erréis." Santiago *1:13-16*. La tentación es la oportunidad de hacer algo "bueno" en una manera mala fuera de la voluntad del creador. No está mal comer, pero si uno considera robar para poder comer, uno está tentado. Pensamos que el pecado es un acto, no obstante, Dios lo ve como un proceso. Adán en el huerto del Edén cometió un acto de pecado, sin embargo, el mismo trajo más pecado, muerte y juicio a toda la raza humana. El apóstol Santiago describe este proceso en cuatro escalones descendentes hacia el precipicio.

a.) Deseo
b.) Decepción
c.) Desobediencia
d.) Muerte

La palabra concupiscencia significa clase de <u>deseo</u> y no necesariamente pasiones sexuales. Los deseos normales de la vida son dados por Dios a nuestras emociones. Y en sí, cada uno de ellos no son pecaminosos. Sin estos deseos no podríamos funcionar correctamente, a menos que tengamos hambre o sed, nunca comeríamos o beberíamos el agua y entonces moriríamos. Sin la fatiga, el cuerpo nunca descansaría y un día se terminaría por completo rápidamente. El sexo es un deseo normal; sin él, la raza humana no podría continuar. Es entonces cuando queremos satisfacer nuestros deseos, fuera de la voluntad de Dios, cuando pagamos sus consecuencias. Comer es normal, la glotonería es pecado. Dormir es normal, ser un haragán ya sería transgredir la ley del Omnipotente. En cuanto a las relaciones sexo-genitales la Biblia explica: *"Honroso sea en todos el matrimonio, y el lecho sin mancilla; pero a los fornicarios y a los adúlteros los juzgará Dios."* Hebreos 13:4 Algunas personas en su afán de ser "espirituales" se niegan a sí mismas estos deseos normales y tratan de suprimirlos, pero al querer hacerlo los convierten a ellos inhumanos.

Estos deseos de la vida pueden ser comparados con el vapor de una locomotora, la cual hace que toda la estructura avance. Usted podrá cerrar el paso del vapor y entonces la máquina ya no puede caminar. Si permite que el vapor se esfume por cualquier dirección y no por el lugar indicado a los pocos segundos toda la caldera explotará y vendrá todo a una mayúscula destrucción. El secreto entonces está en un CONTROL constante de nuestros deseos. Estos deseos que son naturales en nuestro cuerpo pueden ser controlados, ellos deberán ser nuestros SIRVIENTES y no nuestros AMOS, y ello lo podemos lograr con la ayuda de Jesucristo. De ésta premisa es que el vocablo "dominio propio" adquiere un significado potencial en nuestras vidas. ¿Qué tan familiarizado esta con su "dominio propio"? Su respuesta honesta evidencia el grado de su Madurez Espiritual. Proverbios 16:32, nos acentúa, que es mejor el hombre que se enseñorea de su espíritu.

El segundo escalón descendente que Santiago nos menciona es la decepción (Cap. 1:14). Ninguna tentación será perceptible como algo feo o terrible. Más bien, siempre se presentará como algo "bueno" y "llamativo". Santiago nos plantea dos ilustraciones tomadas del deporte para marcar este punto. La palabra "atraído" es en el idioma original el vocablo utilizado para preparar una trampa. Y la palabra "seducido", es como poner una carnada en el lenguaje general, para poder pescar. Así entonces el cazador, como el pescador, tiene que usar carnada para atraer a la presa y así cazarla. Ningún animal asume este proceso dejándose atrapar, ni aun los peces. La tentación siempre lleva algo de carnada, que apela nuestros deseos naturales. La carnada no sólo nos atrae, sino que además esconde los hechos que nos llevará a hacer énfasis en el deseo y que consecuentemente traerá tristeza y castigo, sin faltar que embrutecerá nuestros sentidos y los reducirá a ignorar que es lo que en realidad estamos haciendo. Es la carnada lo que nos excita y nos desarma haciéndonos vulnerables a la caída. Lot, nunca se hubiera movido a las tierras de Sodoma sino antes las hubiera visto, como dice Génesis 13:10: "...que toda la llanura del Jordán era de riego como el huerto de Jehová". Cuando David vio a la esposa de su vecino, nunca hubiera cometido adulterio si hubiese pensado en las consecuencias que después vendrían: La muerte de su propio hijo con Betsabé y el acto criminal de matar a uno de sus oficiales, Urías; y más tarde la violación de su propia hija Tamar. Mi amigo, la carnada siempre te impedirá ver las consecuencias del pecado. ¿Por qué muchos cristianos, aun de años en el evangelio ceden al pecado? ¿Por qué los jóvenes somos presa fácil de la tentación? Porque no hemos abierto nuestros ojos internos para divisar que el hedonismo que atenta penetrar nuestro corazón, es solo una carnada donde sus consecuencias serán nefastas.

Ahora, cuando Jesús fue tentado (porque Él también lo fue) trató la tentación sobre la base de la palabra de Dios. Tres veces pronunció "Escrito está". Desde nuestra óptica humana el convertir las piedras en pan era algo bueno, podría satisfacer el hambre del maestro y tal vez de muchos, pero no así desde la perspectiva divina. Cuando usted conoce su Biblia podrá detectar fácilmente la carnada y bajo sabias decisiones esquivarla y salir ileso. Esto es lo que el Apóstol Pablo le llamaría "andar por fe y no por vista"(2 Corintios 5:7)

En el tercer escalón descendente, Santiago nos menciona la desobediencia (Cap. 1:15). Nos hemos movido de las emociones, que son los deseos al intelecto promovido por la decepción y luego la voluntad que sería la ejecución de la tentación. Santiago al llegar a este punto cambia la ilustración de pescar o cazar al nacimiento de un bebé. El deseo nos concede el método para alcanzar la carnada, la voluntad aprueba el acto y allí nace el pecado, creamos en él o no, sigue siendo pecado y ahora solo espera madurar. Amigo, la vida cristiana depende de nuestra VOLUNTAD no de nuestros SENTIMIENTOS. Vivimos una época donde es común escuchar "cristianitos" decir: "Hoy no tengo ganas de leer la Biblia", "No me sentí con deseo de ir este Domingo a la congregación" etc. Los niños operan sus bases sobre los sentimientos, mientras que las personas adultas operan en base a su voluntad. Los adultos actúan porqué se debe de hacer, no si les gusta o no les gusta. Esto explica porque los cristianos inmaduros caen en la tentación fácilmente. Ellos dejan que los sentimientos hagan las decisiones que a ellos les corresponden. Sin embargo, si sometemos nuestras emociones y sentimientos a Dios, la tentación se irá disipando y entonces el Creador comenzará a tomar un auténtico control de nuestra vida viéndose enmarcados los resultados en nuestra efectividad cristiana. Filipenses 2:13 "...porque Dios es quien produce en vosotros el querer como el hacer por su buena voluntad."

INSIGNIAS DE LA MADUREZ CRISTIANA

Y ahora el cuarto escalón es la <u>muerte</u>. La desobediencia es el pesebre donde nace allí la muerte, no la vida, quizás lleve tiempo para un pecador, llegar a su destino, pero éste siempre será nefasto e inevitable ya que fue este el sendero que optó. Si la humanidad pudiera ver más allá del materialismo tangible que nos anega, no caería fácilmente en los lazos placenteros pero destructibles de la tentación.

Los cuatro pasos descendentes hacia el pecado, se localizan perfectamente ilustrados en el primer pecado que las sagradas escrituras nos relatan desde el huerto del edén. La serpiente, siendo realmente astuta usó el deseo para seducir, e interesar a Eva, ella lo vio y nótese que hasta aquí, ella aún no había pecado, pero siguió avanzando. Pablo dice en 2 Corintios 11:13 *"Pero temo de que como la serpiente con su astucia engaño a Eva, vuestros sentidos sean de alguna manera extraviados de la sincera fidelidad a Cristo"* Satanás usa la decepción y trata de producirla en todo cristiano para extraviar sus sentidos espirituales y así en el acto de la tentación, olvidar los mandamientos y promesas que el Todopoderoso nos ha dado. Eva compartió con Adán el cual pecó y allí murió espiritualmente, luego, la muerte física para toda la raza humana. La persona que muere sin Cristo es partícipe de esta condena, adquiriendo la muerte eterna y la condenación siendo expuesto al lago de fuego. ¡Consideremos tal consecuencia y quitemos nuestra vista de la carnada! La tentación tocará la puerta de nuestras vidas, pero que nuestra oración siempre sea como en el padre nuestro "...no nos dejes caer en tentación más líbranos del mal. Amen"

♣REFLEXIONE SOBRE LA BONDAD DE DIOS

Amigo, en el primer punto apreciamos considerar el juicio del Omnipotente y ahora descubriremos un segundo motivo para no caer en la tentación: su bondad. Nuestro adversario tiende a sugestionar la bondad del creador, le postuló a Eva que si Dios la amaba le permitiría ser como

CLAUDIO KZOOKY RODRIGUEZ

Él comiendo del fruto, le profesó a Jesús que si su Padre le amaba ¿Entonces por qué tendría hambre? Y es que la bondad de Dios es la barrera más grande en contra de la tentación. Sabemos que Dios es bueno y éste es un axioma irrefutable; no necesitamos a nadie más que pueda suplir lo que necesitamos. Cuando comenzamos a dudar de su bondad es entonces que a la par, iniciamos a ser vulnerables para ser atraídos a la "carnada" de Satanás, siendo nuestros deseos naturales dominados al alcanzar lo que nuestro adversario se ha propuesto. Moisés, siendo un gran líder advirtió a la nación que nunca olvidara la bondad de Dios, cuando gozasen de los manjares y delicias de la tierra que recibirían por heredad (Deut. 6:10-15) Es vital esta misma advertencia, tal vez si lo consideramos Dios quien es grande puede llenarnos de sus delicias en todas las índoles, pero nuestro corazón quizás no esté preparado, si somos niños espirituales; caeríamos rápidamente en la tentación, consideremos su bondad en todo tiempo. David le decía a su alma, como advertencia así mismo: "...y no olvides ninguno de sus beneficios." Salmo 103:2

Santiago nos presenta cuatro aspectos acerca de la bondad de Dios. En primera instancia, el autor nos convence a reflexionar que: "toda dádiva proviene de Dios", todo lo que observamos y sea bueno proviene de Él y si algo no proviene de Él entonces no es bueno, de allí deducimos observar que todo de Él es bueno, aunque no lo veamos inmediatamente. El aguijón de Pablo en la carne le fue dado por Dios, y aunque parezca extraño, era una bendición (2 Cor. 12:1-10). Ahora, el segundo aspecto es la manera de dar, la cual también es buena. Cuando Dios da algo ello resulta ser una bendición, lo que producirá paciencia, amor, gozo o cualquier otro elemento vital cristiano que nos haga falta para parecernos más a su imagen, pues somos consideraros sus hijos. En tercera instancia, observamos que lo que Él nos da, nos lo proporciona de manera constante. La palabra "desciende" está escrito en la lengua original en lo que llamamos en gramática el participio del tiempo presente, lo cual se pudiera traducir como "sigue descendiendo" Dios no nos da ocasionalmente, sino que siempre está dando, aun cuando no sean perceptibles a nuestra naturaleza sus dones, bendiciones y regalos. Y en cuarto lugar, Dios no cambia, es inmutable. *"...en el cual no hay mudanza, ni sombra de variación."* Dios no cambia por peor, porque es Santo, no puede cambiar a mejor porque ya es perfecto, un buen ejemplo seria ver la oscilación de la tierra con el Sol, la tierra puede cambiar de posición pero el sol en sí, sigue siendo el mismo desde hace miles de años. Si hay sombras en la vida, El Padre no las ha causado, El no cambia, sino que nosotros nos hemos movido de posición. Nunca dudemos de su benevolencia o amor cuando nos encontremos en dificultades o al afrontar tentaciones.

La primera barrera contra la tentación es una negativa: El juicio de Dios; la segunda una positiva: La bondad de Dios. El temor de Dios es una actividad sana, pero el amor por Él debe balancear nuestro temor. Debemos obedecerle no porque nos castigaría (aunque eso sería la consecuencia de la desobediencia) sino por el amor que nos da, por su generosidad y su constante misericordia. Fue esta actitud positiva la que ayudo a José a no pecar cuando fue tentado por la esposa de su jefe (Gén. 39:7-8).

José reconocía que todas las bendiciones de su posición provenían del trono divino del Creador. Los regalos de Dios son mejores que las "baratijas" de Satanás. Satanás nunca te dará algo, porque él no tiene nada que ofrecer y al final uno terminara pagando por cada cosa que te ofrezca. Es solo la bendición de Dios la que enriquece y no añade tristeza con ella (Prov. 10:22).

✦CONSIDERE LA NATURALEZA DIVINA EN USTED

En la primera barrera Dios te dice "mira hacia delante y ve mi juicio". En la segunda barrera "mira alrededor y ve que bueno he sido contigo". Y ahora el tercer muro "mira dentro de tu corazón, ve que has nacido de nuevo y comienza a desarrollar tu naturaleza divina". La escena del nacimiento es usada como cuadro para clarificar cómo el deseo pecaminoso se engendra madurando al esclavizar la voluntad y posteriormente arrastrando a su víctima a la muerte, esta vez también es usada para explicar el gozo y la victoria sobre la tentación y el pecado. Todo inicia con un origen, el apóstol Juan utiliza una máxima similar en 1 Juan 3:9, donde la semilla se refiere a la vida espiritual dentro de la naturaleza que existe en el creyente. Analicemos las características de este nacimiento positivo: Primero, es divino. Nicodemo, pensó que tenía que volver al vientre de su madre para nacer de nuevo, estaba totalmente errado. Este "nuevo nacimiento" no es de la carne, es de arriba. (San Juan 3:1-7) es en definitiva, el actuar de Dios. Así como no estuvo en nuestra capacidad generar nuestro propio nacimiento humano, tampoco nos toca generar nuestro nacimiento espiritual, sin embargo, cuando depositamos nuestra fe en Cristo Jesús el autor de nuestra salvación, Dios hace el milagro.

En segundo lugar, este nacimiento es lleno de gracia. Nosotros no lo merecemos, no hemos hecho nada en absoluto para poder ganárnoslo y en sí, no hay nada que podamos aún hacer para conquistarlo. Dios nos da la oportunidad de nacer en forma espiritual de su propia gracia y de su propia voluntad. Juan 1:3 clarifica: "...los cuales no son engendrados de sangre, ni de voluntad de carne, ni de voluntad de varón, sino de Dios." Nadie puede nacer de nuevo porque sus padres, abuelos o familiares sean cristianos, o por ser miembro de una religión determinada o asistir con regularidad a una congregación, dicho sea de paso, muchos pueden asistir a una iglesia sin aún haber experimentado el nuevo nacimiento. Es Dios quien ya decidió que nazcas de nuevo, no está en ti es de Él.

Como tercera aseveración, Santiago nos dice que el nuevo nacimiento se produce a través de la palabra de Dios. Así como el nacimiento terrenal es requerida la participación de dos padres, lo mismo es en el ámbito espiritual. La palabra de Dios y el Espíritu de Dios son los progenitores en este nuevo nacer. *"Lo que es nacido de la carne, carne es; y lo que es nacido del Espíritu, Espíritu es." "...siendo renacidos, no de simiente corruptible, por la palabra de Dios que vive y permanece para siempre."*(Juan 3:6 – 1 Pedro 1:23). Conociendo de antemano que la palabra del Creador es viva y eficaz, esta puede regenerar el corazón del pecador que confía en Cristo, de allí que decimos que esta nueva vida es de Dios (Hebreos 4:12). Además, podría concluír, que este nuevo nacimiento es de la más alta calidad y fineza posible. El apóstol nos muestra que: *"El, de su voluntad, nos hizo nacer por la palabra de verdad, para que seamos primicias de sus criaturas."* (Santiago 1:18) El denominativo "PRIMICIAS" era familiar para los cristianos de origen judío. En el antiguo Pacto ellos llevaban los primeros frutos a Jehová como una expresión sublime de devoción y obediencia (Prov. 3:9). El creador diseñó a sus designios todas las criaturas con una majestuosidad singular, dotó a cada una de ellas con características hermosas y aún al ser humano con capacidades asombrosas, sin embargo, somos los cristianos quienes hemos nacido de nuevo la expresión más sublime y poderosa de toda la creación, porque compartimos una relación con el creador a través del Espíritu Santo que habita en nosotros. Por esta convincente razón, estaría fuera de nuestra dignidad aceptar la carnada de Satanás, para desear el pecado.

Al darnos Dios un nuevo nacimiento, implícitamente nos muestra que el anterior (carnal) estaba caído y alejado de Él; por lo tanto era necesario volver a nacer. En variadas ocasiones la Deidad rechaza al nacido en primer lugar y acepta al del segundo lugar. Por ejemplo acepto a Abel y no a Caín; a Isaac y no a Ismael; a Jacob y no a Esaú. De allí que deduzco que el primer nacimiento es obsoleto hacia la bendición divina, es indispensable un segundo nacimiento producido espiritualmente por su palabra. Es la experiencia real de este nuevo nacimiento la que nos ayuda a sobrepasar la tentación. Si permitiéramos que nuestra vieja naturaleza carnal y pecaminosa tome el control de nuestra existencia fracasaríamos por completo tal y como Adán fracasó en el Edén. Por otro lado, podemos nacer de nuevo y dejar que el Espíritu Santo nos guíe a toda verdad y justicia adquiriendo una finísima naturaleza espiritual que proviene del amor y la misericordia de un Dios Santo y triunfar como Jesucristo venció, sabiendo que nosotros también venceremos.

Con acentuada ilustración Gabriel Paredes cantó: "Dos seres hay en mí que quieren dominar, el uno va con Dios y el otro está muy mal y aquí me encuentro yo tratando de cifrar cuál de ellos tomará todo el control de mi vida normal...". Ésta nueva naturaleza debe ser alimentada por la palabra de Dios y la naturaleza carnal crucificada día con día. La palabra, además de ser participe en la concepción del nacimiento otorga la energía necesaria en la cual el espíritu se fortalece en esta nueva vida. En Mateo 4:4 El verbo Jesucristo nos revela una poderosa verdad: El hombre no vivirá de pan solamente sino de cada palabra que sale de la boca de Dios.

Recordemos: No importa cuántas excusas tengas para "justificar" el pecar; no podemos echarle la culpa a Dios de nuestros errores. Es nuestro deseo pecaminoso intrínseco en la naturaleza terrenal el que nos seduce, tentándonos hacia las garras despiadadas del pecado. Para lo cual, Dios te ha armado de estas tres barreras para impedir que peques. Si quebrantas estas fortalezas, te encontrarás vulnerable y desprotegido. ¡Velad y Orad para no caer en tentación! Creo que una evidencia tangible de la madurez espiritual es esta: la marca de la resistencia. Si has conducido un automóvil sabrás que un pequeño descuido al andar en carretera puede traer consecuencias trágicas y nefastas para todos los pasajeros. Dios advertía a Josué cuando decía: "*No te apartes* de ella *ni a derecha ni a izquierda,* para que seas prosperado en todas las cosas que emprendieres." (Josué 1:7 V RV1909). El sabio Salomón acentúa al decir: "*Tus ojos miren lo recto, Y diríjanse tus párpados hacia lo que tienes delante. Examina la senda de tus pies, Y todos tus caminos sean rectos. No te desvíes a la derecha ni a la izquierda; Aparta tu pie del mal.* (Proverbios 4:25-27). La Biblia es el mejor sistema de GPS para nuestro andar en el camino de la vida, cuando nos permitimos ser guiados por ella no resbaláremos y por el contrario, llegaremos sanos y salvos hacia nuestro destino. ¡La vida eterna!

♣PARA REFLEXIONAR

¿A quién o a qué le estoy imputando la culpa de mis pecados y errores? ¿Con que cosas aún batallo, que no me permiten avanzar? ¿Qué importancia tiene para mí el concepto de "dominio propio"?

♣VERSICULO A DISCUSIÓN

1 Pedro 2:11 "Amados, yo os ruego como a extranjeros y peregrinos, que os abstengáis de los deseos carnales que batallan contra el alma."

♣FRASE PARA PENSAR

"La vida cristiana depende de nuestra VOLUNTAD no de nuestros SENTIMIENTOS. Hasta que lo aprendamos estaremos armados frente a la tentación y entonces venceremos" Claudio Kzooky Rodriguez

4. "no os hagáis"
La insignia de la palabra de Dios

La fila de las tortillas era larga y habría más de una docena de personas cuando Jhoony, de no más de diez años, llegó a formarse. Por un momento, se sintió desesperado de que no le atendiesen rápido y en un segundo ya se había acabado su diminuta paciencia, así que invento un maquiavélico plan para que la gente abandonara la fila. Una mentira parecía ser la solución más próxima y comenzó a decir a la señora que estaba al final antes de él.- ¿Quizás se le antojen unos ricos chicharrones recién salidos, calientitos?, hoy están de promoción en la carnicería de Don Picón, yo le recomendaría ir por que los están regalando y además creo que debe darse prisa, porque como son gratis, la gente querrá llevar mucho y pronto no quedará nada- El comercial era convincente y su gesto motivante, lo necesario para que despertase la ambición de Doña Susana y se saliese de la fila para ir a la tal susodicha carnicería donde tal propietario pareciese vuelto loco al regalar sus ganancias . Y así, poco a poco la misma frase fue para todos los que le antecedían en la fila y uno a uno se iban yendo. Cuando por fin llegó hasta el mostrador de las tortillas hizo una pausa y suspiró: - Quizás si estén regalando chicharrones calientitos, pues voy a ir a investigar antes que los demás se los acaben- Se dijo abandonando el lugar sin comprar las tortillas pues de haber repetido muchas veces la mentira que se había inventado, terminó creyéndosela el mismo para su propia ruina.

El énfasis en esta sección de la carta de Santiago, está basado en el peligro de engañarnos a nosotros mismos o engañar a nuestro corazón, "Si satanás tienta y engaña a alguien es un asunto serio, pero si un cristiano se engaña así mismo es un asunto gravemente peor". Al decir verdad, muchos se engañan creyendo que son cristianos, cuando no lo son, ¡Muy cierto! Un buen ejemplo de ello lo analiza Jesucristo en Mateo 7:22-23 cuando dice: *"Muchos me dirán en aquel día: Señor, Señor, ¿no profetizamos en tu nombre, y en tu nombre echamos fuera demonios, y en tu nombre hicimos muchos milagros? Y entonces les declararé: Nunca os conocí; apartaos de mí, hacedores de maldad."*.

Sí amigo, no quisiese siquiera imaginar que existen pero los hay: cristianos que se engañan concerniente a su vida espiritual, se creen "espirituales", los elegidos, los que conocen lo que está bien y lo que está mal, juzgando siempre las apariencias, sin ver más allá de lo tangible y lo terrenal; se creen maduros pero las evidencias los niega rotundamente porque realmente no lo son. No importa que seas líder, Directivo de una Institución de Educación Bíblica, Pastor, evangelista, cantante o simplemente "te creas" algo porque prediques. Hay una marca de madurez cuando una persona se confronta consigo misma y dicha realidad espiritual surge como resultado de una genuina relación con Dios a través de su palabra. La Biblia, palabra del todopoderoso es verdad (San Juan 17:17) y si nos relacionamos con ella, entonces no puedes ser deshonesto o hipócrita.

Al considerar las verdades de los versículos 19-27 del capítulo 1, el apóstol nos muestra que tenemos 3 responsabilidades hacia la palabra de Dios y si llegamos a cumplir estas responsabilidades, hemos de adquirir una imagen pulcra y honesta delante de Dios y de los hombres.

✦RECIBIENDO LA PALABRA DE DIOS

(Santiago 1: 19-21) En dichos versículos a considerar, Santiago llama a la palabra de Dios "la palabra implantada" (v21). Este vocablo en el idioma original, está tomado como si fuere prestada del Señor Jesucristo, quien la usó en la parábola del sembrador (Mateo 13:1-9 y 18:23). Comparando así la semilla, como la palabra; y el corazón del hombre como la porción de tierra donde será sembrada dicha semilla. Ante dicha enseñanza están descritos cuatro clases de corazones:

a) El corazón duro: que no comprende la palabra de Dios ni la recibe; y como consecuencia no tiene fruto.
b) El corazón de poca profundidad: que en forma emocional, recibe la palabra pero no lleva fruto.
c) El corazón preocupado: que no tiene tiempo de arrepentirse y por lo tanto no permite el crecimiento de la palabra.
d) El corazón fértil: que recibe la palabra, permite que tome raíz y crezca produciendo fruto abundante.

De dichos postulados, podemos concluir que la evidencia final de nuestra madurez en Cristo y nuestra salvación de acuerdo a Santiago, es el FRUTO QUE PRODUCIMOS. *"Así que, por sus frutos los conoceréis."* Mateo 7:20. Dicho fruto puede ser: el ganar almas para cristo (Romanos 1:16), el crecer en la santidad de Dios (Romanos 6:22), en el compartir nuestros bienes materiales (Romanos 15:28), en el desarrollo de un carácter maduro (Gálatas 5:22-23) o en una persona que ha aprendido a adorar a Dios (Hebreos 13:15).

La palabra de Dios, en su calidad de semilla depositada en nuestros corazones, es la causa única para que llevemos fruto, sin embargo, el no recibirla de la manera correcta, la privamos de actuar en nosotros. Jesús no solamente nos dijo "tengan cuidado de lo que escuchan" (Marcos 4:24), sino que también dijo "tengan cuidado de cómo escuchan" (Lucas 8:18). Muchos viven en la trágica condición en la cual oyen pero no escuchan y de allí que tampoco comprendan (Mateo 13:13) los tales se la pasan en seminarios, reuniones con la ponencia de elocuentes oradores, asisten con frecuencia a la escuela dominical, van a todos los talleres, pero aún con todo ello, pareciera que nunca pueden crecer. ¿Es responsabilidad del pastor o del maestro? Porque, más bien, no evaluamos nuestra falta en la manera que escuchamos y recibimos la palabra de Dios. Si dicha palabra debe ser plantada en nuestros corazones, debemos seguir las instrucciones al pie de la letra que Santiago nos da para recibirla. En primer lugar, debemos ser "Prestos para oír" (1:19) La razón es: "...que la fe viene por el oír, y el oír, por la palabra de Dios" (Romanos 10:17). Me encontraba en el mostrador de una tienda pequeña cuando irrumpió corriendo un niño, para pedirle a la señora que atendía una pastilla. La señora mirándolo con curiosidad, le indago que pastilla necesitaba, a lo que el infante se limitó a decir –no sé, si me dijeron, pero se me olvidó. No sé – Algunos clientes rieron al presenciar la escena. - ¿Qué le duele a tu mamá?- pregunto la señora conocedora de las medicinas que vendía. – No sé, tampoco; eso no me dijo- Otra vez el ambiente se tornó cómico. – ¡Ay niño!, si fuera otra cosa, pues te doy lo que sea, pero de pastillas no puedo venderte la que yo quiera, ve y pregunta cuál necesitas- el niño salió de la tienda y seguramente le esperaría un buen regaño en casa de la mamá adolorida, todo por no saber escuchar atentamente las instrucciones- . Así, con la diligencia que muestra un siervo hacia su amo o una madre que atiende al llanto de su bebé dándole alimento, nosotros debemos atender con rapidez y sensibilidad a escuchar lo que Dios dice en su palabra, la cual es nuestra directriz en el sombrío trayecto de la vida.

El futuro rey se esconde de los enemigos que buscan precipitadamente su vida, por un instante, parece que se aleja cada vez más del propósito al que fue ungido. La ciudad de Belén está sitiada, el ejército enemigo ya puso su bandera en el zócalo, frente al palacio de gobierno, la cual se ondea triunfante; la ciudad está custodiada por guerrilleros y el pueblo ahora son sus sirvientes. Cuando de pronto David, el rey, articula un deseo al aire:

- ¿Quién me diera a beber un poco de agua del pozo de Belén que esta junto a la puerta?- Él no está dando una orden, sin embargo, tres de sus hombres valientes escucharon, sí, escucharon que su líder deseaba agua, y ellos arriesgando sus vidas la trajeron. Estaban atentos a las palabras de su rey, de la misma manera en que nosotros deberíamos estarlo para con la palabra de Dios. Hoy por hoy, es necesario ser sensitivos al susurro de su voz, Él nos sigue hablando de diversas maneras, a lo que el escritor de los Hebreos, asevera: *Dios, habiendo hablado muchas veces y de muchas maneras en otro tiempo a los padres por los profetas, en estos postreros días nos ha hablado por el Hijo.* (Hebreos 1:1-2a). Cuando uno se encuentra distraído, por lo regular esta actitud nos impide oír, y quizás haya circunstancias a tu alrededor que ensordecen tu sintonía espiritual, sin embargo, es el apóstol Pablo quien nos apercibe, que es necesario que pongamos diligencia a lo que hemos oído, no sea que nos deslicemos y así caigamos. (Hebreos 2:1)

En segundo lugar: "tardos para hablar" (1:19b) "Contamos con dos oídos y una boca; para escuchar el doble de lo hablamos" ¿No había notado usted eso? Medítelo en lo profundo de su corazón; Esto me hace pensar que deberíamos usar nuestros sentidos en la proporción en que fuimos creados; muchas ocasiones argumentamos con la palabra de Dios y si no lo hiciéramos de manera audible por lo menos en nuestra mente o corazón y son nuestros pensamientos quienes además de crear nuestra filosofía de vida, nos inducen a actitudes las cuales muchas veces no son las correctas y consecuentemente nos conllevan a circunstancias desagradables. El rey Salomón nos invita a reflexionar: "En las muchas palabras no falta el pecado, más el que refrena sus labios es prudente."(Prov. 10:10) Y posteriormente escribe: "El que ahorra sus palabras tiene sabiduría;..." (Prov. 17:27). Un cristiano con una naturaleza espiritualmente madura, conoce perfectamente que en su transitar en la vida, si algo debe de ahorrar son palabras y que las mismas tienen un poder que no se pueden ir desperdiciando. En el capítulo 3 de la Epístola, Santiago aborda este tema con muchísima claridad así que dedicaré toda una sección para hablar de este importante tópico más adelante. En tercer lugar se nos amonesta a ser: tardos para airarnos (Santiago 1:19). Amigo, no se enoje con facilidad, sea más analítico de la situación y pregúntese si realmente existe un motivo suficiente para hacerlo y aunque lo exista le aseguro que no ganará mucho si se enoja. Acentué a cada instante que en ira, el hombre nunca podrá tener la paz. La paciencia cobra un valor relevante cuando no permitimos que sus opuestos aparezcan y recuerde que los dividendos que obtenemos como ganancia de cada prueba es: ser pacientes. Leí en una ocasión: "El temple es algo muy valioso, no lo pierda". Escuché al Doctor Miguel Ángel Cornejo en una de sus conferencias decir: "Los grandes líderes se templan a altas temperaturas". Es un buen temple el que nos permite ser invencibles como el acero, fuertes para no irritarnos. Ahora bien, si el enojo es contra la palabra de Dios, nos evidencia abiertamente, que existe un pecado en el corazón, y eso es incredulidad. Desde mi sencilla opinión, creo que las personas que se enojan con la Palabra de Dios es porque les revela lo que en realidad son: Pecadores.

Al recibir la palabra correctamente, no es solamente siendo prontos para oír, tardos para hablar y tardos para airarnos; en cuarto lugar: reflexiono, ¿Qué es necesario?: un corazón preparado. El apóstol ve el corazón humano como un jardín, si no le prestamos la debida atención, así como la tierra produce malezas, en el mismo se anidan tantos factores que propician resultados caóticos y nefastos. "Lo que no sirve, ¡A la basura!". Es imperativo, desde el tenor bíblico, sacar con urgencia esas malezas que nos llegan continuamente, no debemos ir cargando en la vida con aquello que nos debilita y frustra nuestro desarrollo espiritual, solo así es que podemos preparar el terreno de nuestra vida para implantar con eficacia la palabra de Dios. Los vocablos que utiliza el escritor en el versículo 21, "inmundicia" y "abundancia de malicia", nos proyectan una imagen donde a cierto jardín, por el descuido negligente de su tenedor, está tan lleno de malezas que la situación se ha salido de control. ¿Cómo se prepara el corazón para implantar la palabra de Dios? Bien, se debe confesar al creador nuestros pecados (1 Juan 1:9) y luego meditar en la gracia y el amor de Dios, quien es quien ablanda ese corazón una y otra vez al quebrantarlo. Por último lugar, debemos considerar tener al recibir la palabra de Dios, una actitud mansa. Ante la escritura sagrada, no son permisibles las dudas o los argumentos; aún no cabe la lógica intelectual de los individuos, sencillamente: Se acepta tal y como es, no tratando de modernizarla al moldearla a ciertas filosofías, ni tomando con autoridad solo fragmentos de ella. Usted debe recibirla tal y como Dios lo dice, sin la más mínima adulteración. Mis amigos, si no recibimos de la manera correcta la palabra del Todopoderoso, ésta no estará siendo sembrada y tal simulación, sería sólo engañarnos a nosotros mismos. Existen aquellos "cristianos" que tratando de argumentar con sus propios o ajenos razonamientos, siempre tienen una excusa o algo que criticar al maestro de la enseñanza en la congregación, no se diga del pastor o el predicador. Quizás imaginen que avivando discusiones en cuanto a las escrituras, promoverán su crecimiento espiritual y mostrarán su "gran sabiduría". No es así, lo único que se evidencia con dicha actitud, es cuánta maleza se tiene y están dejando enraizar en el corazón.

♣PRACTICANDO LA PALABRA DE DIOS

Las prodigiosas investigaciones del afamado Edison en el campo de la electricidad son, sin lugar a dudas, el fundamento para que hoy millones de personas gocemos de la luminosidad a través de la bombilla incandescente, sin embargo, ¿Qué habría sucedido si este gran invento nunca se hubiese llevado a la acción y solo se hubiese quedado en un cuaderno caligrafiado con abundantes ecuaciones y algoritmos de difícil interpretación? ¿Podrían tales apuntes luminar una habitación? ¡Por supuesto que no! No es suficiente conocer o escuchar la palabra, sino llevarla a la esencia de la práctica, al final de cuentas cada persona es conocida por sus acciones, no por sus palabras. Dicho con el acervo bíblico: Sed hacedores de ella. Hay quienes aún creen que con escuchar un buen sermón, un excelente predicador o asistiendo a tantos cursos, talleres o seminarios se presente, ya con ello crecerán espiritualmente y les hará depositarios de magníficas bendiciones; lo cierto es que aun leyendo este libro sobre el cómo desarrollarte para alcanzar la madurez cristiana, no producirá ningún efecto. Si bien es cierto que escuchar es importante, realmente no lo es todo; es la práctica, la evidencia de haber oído bien y la misma, es la llave hacia cuantiosas bendiciones. "Muchos cristianos marcan sus Biblias, pero no permiten que la Biblia les marque a ellos". Si se cree espiritual porque va a la iglesia desde hace muchos años y ha escuchado sermones en cantidades industriales y no pone en práctica la palabra, mi amigo, ha vivido engañándose a Usted mismo. En la sección anterior Santiago compara la palabra de Dios con una semilla, aquí en el versículo 23-25 observemos la imagen del espejo. Existen tres tipos de reacciones al contemplarse en el espejo. Los del primer grupo: son aquellos que se miran solo de pasada, para ellos el cómo se ven no parece importarles, ya que no se examinan a sí mismos y son semejantes a quienes habiendo escuchado la palabra de Dios atentamente, nunca se detienen para corregir sus erráticas vidas. Pueden leer la Biblia, sin embargo, no la leen como su norma reguladora de conducta, sino más bien como un libro de literatura interesante. El conocimiento adquirido es meramente racional, pero no se sensibilizan ni lo ejercen.

Los del segundo grupo: a diferencia del primero sí se sensibilizan, pero aun así no lo practican, ellos se ven al espejo, pero se olvidan de que se han visto y salen como si nunca se hubiesen mirado. Existen en las congregaciones cristianos, quienes escuchan un buen sermón, de esos que tocan las fibras más sensibles, pasan al altar y aún lloran, sin embargo, no muestran frutos dignos de arrepentimiento y peor es cuando viven como si nunca hubiesen escuchado esa palabra que los cimbró mientras estaban en el altar, a lo que esta última reacción, corresponde al tercer grupo (versículo 24). Estas personas creen que escuchar es igual a producir, hacer o practicar, lo cual es un fatal error pensar así.

Amigo, si el apóstol usa la proyección de un espejo, es para que entendamos con acentuada importancia que: antes de enseñar a otros, debemos examinar nuestro propio corazón, por su puesto, que tal actitud requiere madurez, tiempo y una sincera devoción a lo que leemos en las Sagradas Escrituras. Mirar los errores ajenos, no tiene dificultad, pero cuán gran desafío es mirar los nuestros y aún más cuando con humildad y sencillez aceptamos dar el siguiente paso al corregirlos.

Perseverar en la palabra, es la actitud acertada que nos muestra el versículo 25; no debemos permitirnos ser oidores olvidadizos, sino practicar diligentemente y llevar a la acción lo que leamos en nuestras Biblias, solo así no nos engañaremos a nosotros mismos. Es como observarnos en el espejo y a la vez corregir las imperfecciones a las que nos enfrentemos.

♣COMPARTIENDO LA PALABRA DE DIOS

Santiago nos dice en el versículo 26, si alguno se cree religioso, y esto de religioso no quiere decir como algo ceremonial que hacemos por fuera, sino que éste vocablo es usado en el Nuevo Testamento cinco veces y se refiriere si alguno adora a Dios de corazón, lo cual hace la diferencia. La religión pura no tiene nada que ver con ceremonias, templos o días especiales. La religión pura significa prácticar la palabra de Dios y compartirla con otros a través de nuestra conversación, nuestro servicio y nuestra consagración. Decimos que en nuestra conversación porque es la lengua la que revela lo que hay en nuestro corazón, si su corazón es recto entonces su vocabulario también será recto. "Una lengua controlada significa un cuerpo controlado". En lo que respecta al servicio cristiano, debe entender que después de habernos visto en el espejo de Dios, a través del reflejo de su palabra, ahora vemos a otros y sus necesidades. Recordará que Isaías primero vió al Señor, luego a sí mismo y posteriormente al pueblo al que iría a servir. Finalmente, el apóstol nos acentúa que debe de haber una separación con el mundo. Al mencionar el vocablo "mundo" se hace referencia a las costumbres de la sociedad sin Dios, en la que nosotros vivimos y es Satanás el príncipe que dirige este mundo (Juan 14:30) Como hijos de Dios, estamos en este mundo físicamente, pero no somos del mundo espiritualmente (Juan 17:11-16) Somos enviados al mundo para ganar a otros para Cristo (Juan 17:18). Mientras mantengamos nuestra separación del mundo, entonces podremos servirles y ser de utilidad. Lo que el mundo desea es infectar al cristiano y así comenzar la deteriorización del mismo. Note con cuidado que todo inicia con una amistad con el mundo (Santiago 4:4) esa amistad al avivarse puede llevar a un "amor" por el mundo (1 Juan 2:15-17) Y si no tenemos cuidado caeremos a conformarnos con el mundo (Romanos 12:1-2) las consecuencias es que será condenado por el mundo (1 Corintios 11:32) Lot, es una ilustración de ese principio, él colocó su tienda o las puertas de su casa con dirección a Sodoma, luego se movió a Sodoma y no mucho tiempo después Sodoma se movió a su corazón y así perdió un buen testimonio ante los demás y posteriormente su familia. Cuando el juicio cayó sobre Sodoma, Lot perdió todo. Fue Abraham el cristiano fiel que mantuvo su vida separada; el amigo de Dios. No es necesario que el cristiano se envuelva en los asuntos del mundo para tener un gran ministerio. Jesús se mantuvo "sin mancha" (1 Pedro 1:19) Sin embargo, Él se consideró amigo de Pecadores y Publicanos. Mi Amigo, la mejor manera de servir a las necesidades del mundo, es manteniéndonos puros por dentro constantemente, para que la palabra de Dios pueda trabajar y fructificar abundantemente en nuestras vidas, y sólo así seremos efectivos para el servicio al Todopoderoso en el engrandecimiento de su reino.

✤PARA REFLEXIONAR

¿Qué tan cuidado está el jardín de su corazón? ¿Ha tomado conciencia eliminando las malezas para no engañarse a sí mismo?

♣VERSICULO A DISCUSIÓN

Salmo 119: 11 *"En mi corazón he guardado tus dichos, Para no pecar contra ti."*

♣FRASE PARA PENSAR

"Si satanás tienta y engaña a alguien es un asunto serio, pero si un cristiano se engaña así mismo es un asunto gravemente peor" Claudio Kzooky Rodriguez

5. "todos somos uno"
La insignia de la unidad

Hay personas que se creen las únicas en el planeta, viven en un mundo de fantasía creyendo que todo gira alrededor de ellas ¡Que terrible falacia! Un león salió a la selva a dar el rondín acostumbrado como cada mañana para preguntar lo mismo a todo aquel que se encontrara a su camino. –Señora Jirafa, me podría decir ¿Quién es el más apuesto y encantador de la selva?- alardeaba con su singular acento rimbombante.
-¡Tú eres el más apuesto y encantador querido León!-
-Muy bien. ¡Y no lo olvides nunca!-

Llegó con el mono, la cebra, el loro, el oso y de todos recibía siempre la misma respuesta: -Tu eres el más apuesto y encantador- a lo que el vanidoso león respondía: –Muy bien, ¡Y no lo olvides nunca!-

Cuando llegó el turno de preguntar al elefante, éste harto y cansado de la misma cantaleta de siempre, mostró sus más fieros instintos. Tomando al león con la trompa, lo elevó en el aire dándole vueltas, azotándolo contra el piso varias veces dándole la peor de las golpizas. El elefante sin decir nada, se marchó dejándolo tirado entre los arbustos.

-He, elefante, ¡no hacía falta ponerse tan agresivo por no saber la respuesta!- le gritó el soberbio león.

Al llegar a esta quinta lección, Santiago nos quiere ayudar a practicar la palabra de Dios, colocándonos en una primer prueba muy simple: Él envía a dos visitantes a nuestra iglesia: uno es rico y el otro es pobre; pareciera que desde lo lejos él observa nuestra actitud hacia cada uno de ellos. El principio de la lección es simple: "En la manera en que nosotros tratamos a la gente, indica lo que realmente creemos acerca de Dios". No podemos separar la relación humana con la relación divina. Si decimos amar a Dios, pero odiamos a nuestros semejantes entonces somos hallados mentirosos. Así que, al hacer esta observación, Santiago nos conduce a analizar cuatro factores prácticos a la luz del cómo tratamos a los que nos rodean.

♣LA DEIDAD DE CRISTO

El primer tópico en este pasaje es la "deidad de Cristo" (Santiago 2:1) .En las condiciones sociales de la época en la que Santiago escribió la Epístola, el pueblo judío deseaba ser reconocido y tener honor, entonces se discriminaban unos a otros. Por supuesto que el Señor Jesús trató este tema en la parábola narrada en Lucas 14:7-14 y también en su disertación ante los fariseos en Mateo 23. La Iglesia del Siglo XXI no escapa de esta problemática. Yo les llamo escaladores de pirámides que no sólo están en la política, en la industria, la sociedad, sino que también en la Iglesia. Puedo asegurar que cada congregación tiende a tener ese "grupito" que quiere dominarla y controlarla ocupando un lugar de prestigio en ella. Los nuevos tienen que empujar arduamente para poder ser parte de ésta elite, que se forma dentro de una clase. Algunos miembros, usan su capacidad de liderazgo para mostrar a otros la importancia que ellos tienen. Santiago observa este problema cuando reflexiona que en la congregación todos querían ser maestros (Santiago 3:1)

Jesús nunca hizo acepción de personas, y aún sus enemigos lo admitieron. Mateo 22:16 nos ilustra con estas palabras: *"Y le enviaron los discípulos de ellos con los herodianos, diciendo: Maestro. Sabemos que eres amante de la verdad, y que enseñas el camino de Dios, y que no te cuidas de nadie, porque no miras la apariencia de los hombres."* Nuestro Señor nunca observó a los individuos por afuera, Él los miró por dentro. Nunca se impresionó por las riquezas o por el estado social, para Jesús aquella mujer viuda fue de mayor aceptación porque dio todo lo que tenía que aquel fariseo rico, que hacía ostentación de lo que ofrendaba. Aún más, cuando Jesús eligió a sus discípulos vio el potencial y su capacidad por encima de ser pecadores. En Simón vio una roca, en Mateo un discípulo fiel; los discípulos se asombraron cuando Jesús conversaba con aquella mujer de Samaria en el pozo de Sicar; Jesús solo vio en ella un instrumento listo para la siega y poderoso para la predicación del evangelio. ¿Será que acaso juzgamos a los demás por lo que son y no por lo que pueden llegar a ser, tomando una actitud prepotente y señaladora? Cuando Saulo de Tarso fue convertido, la Iglesia se asustó al recibirlo. Tomaron la fe de Bernabé y el testimonio de Pablo para quebrar esa Pared de hielo que los dividía. (Hechos 9:26-28) Muchas veces estamos dispuestos a juzgar las apariencias en lugar de observar las actitudes de los demás. Jesús era amigo de pecadores aunque nunca consintió el pecado en ellos. Nunca comprometió su posición, pero siempre tuvo compasión, lo que permitió que lo recibieran y que ellos abrieran sus corazones para que Él les pudiera perdonar. Isaías nos dice que Él fue rechazado y tendiendo a especular, reflexiono que tal vez Jesús sea el hombre pobre del cual Santiago nos da el ejemplo, pues fue rechazado por la nación judía, ya que la misma se creía orgullosa de la tradición que profesaba.

Jesús, creció en un hogar sencillo como cualquier otro en Nazaret, la cual no era más que una aldea común y sin relevada importancia, tal vez si nos hubiésemos encontrado con Él aquí en la tierra no hubiésemos admirado nada físicamente o pecuniariamente de su persona, sin embargo, Él es la misma gloria de Dios humanizada. Primero, la gloria del gran YO SOY se dio a conocer en el Antiguo Testamento a través del tabernáculo (Éxodo 40:34-38) y posteriormente en un templo donde los lujos sobreabundaban (1 Reyes 8:10-11). Cuando Jesús viene a la tierra, la gloria del Dios reside en toda su plenitud sobre Él (Juan 1:14) la cual ahora se encuentra en nosotros, la Iglesia de Cristo. Los religiosos "expertos" juzgaron a Cristo por sus patrones de conducta y lo rechazaron. Vino no de una ciudad importante, más bien de un pueblucho común como Nazaret de Galilea, no era graduado de una alta academia transnacional, no tenía la aprobación de la élite política y la burguesía de aquel entonces, no se le veía con ostentosas riquezas, y por si fuera poco la mayor gente que le seguía eran pecadores, lo peorcito del pueblo. Es triste admitirlo; pero muchas ocasiones cometemos las mismas equivocaciones al tenor de que hoy la gloria del creador reside en nosotros (1 Corintios 6:19-20). Cuando algún visitante llega a la congregación somos dados a juzgarlo por su apariencia y la imagen que nos proyecta en lugar de analizar y tratar de descubrir lo que hay dentro de él. Nos deslumbra el cómo anda vestido, que marca es su reloj, que tipo de auto usa, que marca está grabada en sus jeans o camiseta, etc. ¡Banalidades!

Amigo: ¿Cómo practica usted la deidad de Dios en sus relaciones humanas? ¿Mira a cada visitante según los ojos de Cristo? ¿Podría usted aceptar sin resentimientos a cualquier persona por el simple hecho de que Cristo lo amó y también murió por él o ella? ¿Es Cristo el eslabón que nos une hacia los demás? La base de las relaciones humanas para nosotros quienes nuestro marco de referencia es Jesucristo, no está centrada en las personas, sino en lo que Jesús hizo por ellos. Cualquier otra base es errónea, recuerde que para Dios son útiles tanto un Lucas o Andrés como un Pedro, Zaqueo, Mateo, Saulo, etc. Así que si Él no desprecia a las personas ¿Quiénes somos nosotros para no aceptar a alguien? Sólo Cristo nos puede ayudar siendo el eslabón de amor que acoyunte nuestras relaciones intrapersonales.

♣LA GRACIA DE DIOS

El segundo tema es "la gracia de Dios" (Santiago 2:5-7) Convincentemente creo que si la salvación fuese por los méritos, no podríamos hablar de ninguna gracia, mas sin embargo, es ésta la elección soberana de Dios. (Efesios 1:4-7;2:8-10). Dios nos salva en su amor, sobre la base de lo que Cristo hizo en la cruz y no porque podamos hacer algo que atrajera la mente de Dios para salvarnos. Para el creador no hay fronteras nacionales a la hora de impartir su gracia, (Hechos 10:34) algo que les costó mucho tiempo asimilar a los primeros judíos del Siglo I, ya que ellos no podían entender que la salvación era para todos. Con tanta razón el evangelista escribió: "Porque de tal manera amo Dios ¿A quién? ¡A todo el mundo! Si eres terrícola de éste mundo, Dios te ama, simple: No hay distinción de razas ni nacionalidades. Además, no existen diferencias sociales: dueños, patrones, ricos, empleados, pobres, etc. (Colosenses 3:11). Una verdad interesante es la que nos exhibe 1 Samuel 2:7-8 *"Jehová empobrece, y él enriquece; Abate, y enaltece. El levanta del polvo al pobre, Y del muladar exalta al menesteroso, Para hacerle sentarse con príncipes y heredar un sitio de honor."* Interesante a la hora de juzgar por las riquezas ya que estas son muy abstractas y relativas ¿no crees? Desde la perspectiva bíblica, Dios nunca aceptará la jactancia humana que lleva a la prepotencia como el querido león de la ilustración con la que iniciamos éste capítulo, por lo tanto es recurrente que Él levante al pobre escogiéndolo, 1 Corintios 1:26-29 enseña: *"Pues mirad, hermanos, vuestra vocación, que no sois muchos sabios según la carne, ni muchos poderosos, ni muchos nobles; sino que lo necio del mundo escogió Dios, para avergonzar a los sabios; y lo débil del mundo escogió Dios, para avergonzar a lo fuerte; y lo vil del mundo y lo menospreciado escogió Dios, y lo que no es, para deshacer lo que es, a fin de que nadie se jacte en su presencia".* Sin embargo, esto nunca quiere decir que el poseer riquezas te separe de esa elección de Dios, lo que atinadamente nos muestra es que Dios no tolera que alguien se jacte en su presencia. Por otro lado a los ricos se les aconseja: *"A los ricos de este siglo manda que no sean altivos, ni pongan la esperanza en las riquezas, las cuales son inciertas, sino en el Dios vivo, que nos da todas las cosas en abundancia para que las disfrutemos. Que hagan bien, que sean ricos en buenas obras, dadivosos, generosos; atesorando para sí buen fundamento para lo por venir, que echen mano de la vida eterna"*(1 Timoteo 6:17-19). El capítulo 11 se pondrá interesante al escudriñar más el tema financiero, por hoy nos ocupa conocer que sea que si tienes riquezas, no mires diferente al que no las tiene o si es que no las tienes no observes al que las tiene como superior de alguna forma, ya que éstas son relativas y nunca, por lo volátil que son, podrán definir el marco referencial del individuo.

La doctrina de la Gracia nos forza a relacionarnos sobre la base del amor de Dios y no sobre los méritos o estado social al que se pertenezca. Cuando la iglesia local diferencia a sus clases sociales ha perdido la brújula, blasfemando la gracia de Dios. ¡Cuidado! No hay nada más fatal y terrible que ello. Cristo, en su público suplicio, quebró una vez y para siempre las barreras entre judíos y gentiles, esclavos y libres, ricos o pobres, jóvenes o viejos, letrados e incultos, etc. Excelente es reflexionar Efesios 2:11-22 donde al tenor del versículo 14 se nos señala tajantemente que fue Jesús quien derribó la pared intermedia de separación y aún más explícito el versículo 16 evidenciando que fue mediante la cruz una reconciliación perfecta que exterminó todas las enemistades, siendo así la principal piedra del ángulo: Jesucristo, la base de todas nuestras relaciones intrapersonales. Que equivocados están los hermanitos constructores de barreras, niños sandios y necios que dividen a los demás con los escuetos argumentos de los estratos sociales. En definitiva, no podemos permitirnos reedificar esas barreras si es que realmente hemos creído en la gracia del Todopoderoso.

♣LA PALABRA DE DIOS

Un tercer tópico en el rescate de sanar las relaciones con las que interactuamos con los demás, es la palabra divina. (Santiago2: 8-11) Hoy por hoy es arduamente argumentada por personas bien o mal intencionadas, sin embargo, creo fehacientemente que más allá de profesarla debiéramos vivirla. Como lo diría el buen Moody: "Cada Biblia debería tener zapatos de cuero". Santiago nos proyecta las máximas relevantes de la ley cual una de ellas nos advierte: Levítico 19:18

"No te vengarás, ni guardarás rencor a los hijos de tu pueblo, sino amarás a tu prójimo como a ti mismo. Yo Jehová." ¡Guauuu! En la parábola del buen samaritano rescatamos que el prójimo es aquél que necesita ayuda la cual puedo brindar sin importarme quien éste sea. En Romanos 13:10 leemos: *"El amor no hace mal al prójimo; así que el cumplimiento de la ley es el amor."* Mientras el odio y el rencor te hacen esclavo, es el amor quien te libera extraordinariamente y además ayuda a tratar a los demás con benevolencia, "aunque no estemos de acuerdo con quienes son o lo que hacen", (Te recomiendo leer una vez más la frase anterior) quizás no nos guste el vocabulario, las actitudes; nos desagraden sus hábitos y aún más, no los elegiríamos para concretar una amistad, sin embargo, amar es sólo tratar como Dios trataría a aquellas personas. Éste es un acto más de VOLUNTAD que de EMOCIÓN, seré reiterante en postular que un adulto aunque siente emociones éstas no le gobiernan como lo harían con los niños. Si te das cuenta, convincentemente afirmo que una iglesia solícita en guardar la unidad, es aquella que deja de lado los sentimientos sensacionalistas de tener sus "preferidos" o "los que no me caen bien" y se evoca a que no existen diferencias y que todos somos equipo, en definitiva, somos uno. Es allí donde Dios se glorifica exponencialmente, el amor cristiano no deja a alguien pobre sino que sabe ayudar para que aquél crezca y prospere, así como también ayuda al rico a enseñarle como hacer buen uso de sus riquezas; el amor siempre edifica y nunca destruye. (1 Corintios 8:1) ¿Sabes que terrible hipocresía es guardar rencor contra alguien dejando de lado el más importante mandamiento? No lo escribo para que te sientas mal, sino peor y te arrepientas. De nada te sirve ministrar, orar, ayunar, ofrendar, predicar y aún ser pastor, evangelista o directivo de la Institución Educativa Bíblica si hieres a los demás con absurdos chismes, de nada sirve ir y sentarte en la Iglesia para calmar tu conciencia creyéndote "santo" cuando tienes algo contra alguien, no tengas en poco lo que Jesús profirió con atinada aseveración: *"Por tanto, si traes tu ofrenda al altar, y allí te acuerdas de que tu hermano tiene algo contra ti, deja allí*

tu ofrenda delante del altar, y anda, reconcíliate primero con tu hermano, y entonces ven y presenta tu ofrenda". (Mateo 5:23-24) ¿Qué es más importante, la ofrenda o el reconciliarte con tu hermano? ¿Qué es más fácil? ¡Claro que la ofrenda! Mi amigo ambas son importantes, sin embargo, tu ofrenda no será acepta si tienes algo contra tu hermano. ¡Cuán imperativo es mantener relaciones sanas para ser fructíferos en el reino!

♣EL JUICIO DE DIOS

Cada declaración ortodoxa de nuestra fe cristiana concluye con la irrebatible premisa de que Jesús retornará con poder para llevar a cabo a la postre, el juicio final. Los detalles a los eventos escatológicos pueden ser polémicos entre los diversos sectores protestantes, sin embargo, todos concordamos en que ciertamente habrá un gran juicio como explícitamente se nos muestra en el evangelio San Juan 5:24 *"De cierto, de cierto os digo: El que oye mi palabra, y cree al que me envió, tiene vida eterna; y no vendrá a condenación, mas ha pasado de muerte a vida."* Además es atinado mencionar Romanos 8:1 *"Ahora, pues, ninguna condenación hay para los que están en Cristo Jesús, los que no andan conforme a la carne, sino conforme al Espíritu."* Evidentemente quienes hemos alcanzado esta madurez es porque ya no andamos conforme a los deseos pecaminosos de la carne, sino que vivimos en Cristo y consecuentemente no seremos condenados con los incrédulos. ¡Uff, qué alivio! ¡Espera! Si bien ésta es una gran verdad, debes conocer que no escapas a ser juzgado. 2 Corintios 5:9-10 *"Por tanto procuramos también, o ausentes o presentes, serle agradables. Porque es necesario que todos nosotros comparezcamos ante el tribunal de Cristo, para que cada uno reciba según lo que haya hecho mientras estaba en el cuerpo, sea bueno o sea malo."* ¿Qué es lo que Dios juzgara de tu vida? Diversas actitudes, analicemos:

Primero, LAS PALABRAS. Lo que decimos a los demás y el cómo lo decimos estará delante del creador. Curioso es que en ocasiones, no refrenamos lo que parloteamos en las rabietas inmaduras contra nuestros semejantes y olvidamos Mateo 12:36 *"Mas yo os digo que de toda palabra ociosa que hablen los hombres, de ella darán cuenta en el día del juicio"* ¡Qué interesante! ¿Sabes? Las palabras descienden del corazón, así que cuando Dios juzga las palabras, en realidad está juzgando tu motor emocional. Por cierto... ¿Cómo se encuentra hoy delante de Dios?

Luego nuestras OBRAS serán juzgadas. Con exactitud debemos hacer sea lo que sea que hagamos, pensando en que no lo hago para "x" o "y" persona, sino como para Dios, ¡Que inspiradora motivación para hacer todo de la mejor manera! Con excelencia y calidad ¿No crees? (Colosenses 3:22-25) Si bien es cierto que Dios olvidará nuestros pecados ya perdonados (Hebreos 10:17) tomemos en cuenta que estos denigran nuestras actitudes y que las consecuencias de los mismos deberán ser enfrentadas.

Además nuestra ACTITUD también vendrá a juicio (Santiago 2:13) El apóstol nos muestra dos cuadros en contraste de dos diferentes actitudes: Una satinada en misericordia y la segunda con ausencia de la misma. Simple: si hemos ejercitado misericordia para los demás, Dios tendrá misericordia hacia nosotros. Ahora bien, no pretendo decir que chantajeemos misericordia como si ella se obtuviera en cantidades contables, más exacto es afirmar que, ningún individuo tiene autoridad para hacer juicio contra otro. La justicia y la misericordia, son elementos que no compiten entre sí ya que ambos emanan de Dios, cuando el creador ve en tu actitud arrepentimiento y fe, tiene en su omnipotencia la habilidad de mostrar su misericordia, sin embargo, cuando existe solo rebelión e incredulidad, aplicará su justicia. Es entonces que, el corazón del hombre determinará qué trato desea recibir del Todopoderoso *"Dios resiste a los soberbios pero da gracia a los humildes"* (Santiago 4:6) Conmovedora es la parábola que Jesús relata en Mateo 18:21-35 al clarificar este tema. El rey como acreedor, teniendo misericordia, había perdonado la deuda, no obstante, el siervo deudor con una actitud incorrecta no supo perdonar a su homólogo. ¡Trágicas consecuencias al enterarse el rey! *"Así también mi Padre celestial hará con vosotros si no perdonáis de todo corazón cada uno a su hermano sus ofensas."* Mateo 18:34. ¡Auch!

Santiago pone en relieve que además seremos juzgados por la ley de la libertad, usando el término como sinónimo de la palabra o ley de Dios (Santiago 2:12). Mientras el pecado esclaviza corrompiendo y degenerando la identidad espiritual, es la ley de Dios la que nos liberta, para disfrutar una vida plena. *"Y andaré en libertad, Porque busqué tus mandamientos"* (Salmo 119:45) entendamos con este cuadro: un niño debe vivir bajo reglas y códigos estrictos, porque aún no es maduro para actuar por sí mismo, tiene una disciplina exterior que le ayudara a poder desarrollar una disciplina interna que un día, a su tiempo, le regulará, otorgándole las llaves de su libertad, cuando haya crecido. Libertad, se define, como la capacidad que tiene el individuo de decisión sin olvidar la responsabilidad de sus actos. Si hago todo lo que quiero, seré esclavo de mis propias pasiones, sin embargo, cuando conozco a Jesús quien es la verdad, realmente vivo en una libertad extraordinaria (San Juan 8:32) Finalmente, se le llama Ley de la Libertad: al acto de que Dios ve nuestros corazones y motivaciones, conociendo, qué hubiésemos hecho en la zona de libres para hacerlo. Si el cristiano obedece sólo porque lo están observando, es un individuo que realmente no ha madurado (Cómo un niño portándose bien solo porque le vigilan). No obstante, si uno obedece porque desde su interior emana el deseo de ser fiel a la voluntad de Dios, evidencia que es libre del mundo, deja de lado el ser una víctima circunstancial, para consolidarse como un protagonista maduro de firme dominio propio.

Mis amigos, nuestra fe regula nuestro comportamiento y actitudes. Si creemos fehacientemente que Jesucristo es el hijo de Dios, en su abundante gracia, que su palabra es verdadera y que, además juzgara nuestras acciones, ¿No crees que nuestra conducta ante los demás debería ser otra? Nuestras acciones nos definen cuán maduros o cristianos somos, antes de atacar a los demás, aún y cuando no tengan una doctrina ortodoxa estemos seguros que realmente vivimos en la práctica lo que predicamos. Jonás tenía una teología maravillosa, pero no quería a la gente que Dios amaba. Una prueba tangible de tu fe, es como amas a aquellos que te rodean (1 Juan 4:20). Por tanto, es necesario: Comprender para ser comprendido. Ya lo dijo el maestro de maestros, Jesucristo: *"Así que, todas las cosas que queráis que los hombres hagan con vosotros, así también haced vosotros con ellos; porque esto es la ley y los profetas."* (Mateo 7:12) La regla de oro en las relaciones intrapersonales, sigue vigente y hoy más que nunca, urge practicarla en la iglesia. El mundo creerá, cuando verdaderamente nosotros creamos amándonos, como los hermanos que somos. Ya no sólo decirnos "hermanos" sino reflexionar en el peso moral enorme que encierra este poderoso vocablo y practicar una autentica fraternidad. El cristiano maduro lo entiende, y dice: *"Con Cristo estoy juntamente crucificado, y ya no vivo yo, mas vive Cristo en mí; y lo que ahora vivo en la carne, lo vivo en la fe del Hijo de Dios, el cual me amó y se entregó a sí mismo por mí."* (Gálatas 2:20)

♣PARA REFLEXIONAR

¿Pasaría aprobado la prueba Insignia de la unidad? ¿Aún guardo resentimientos contra alguien? ¿He olvidado que todos valen la misma sangre de Cristo, haciendo diferencias sociales? ¿Podría dejar el libro por un momento y correr a reconciliarme y pedir perdón?

♣VERSICULO A DISCUSIÓN

Salmo 133: 1a y 3b "¡Mirad cuán bueno y cuán delicioso es Habitar los hermanos juntos en armonía!... Porque allí envía Jehová bendición, Y vida eterna.

♣FRASE PARA PENSAR

"La unidad en la variedad, y la variedad en la unidad, es la ley suprema del universo." Isaac Newton

6. "sin fe no hay café"
La insignia de la fe

La señora Josefa era una anciana de pelo blanco, que caminaba con dificultad para poder llegar al austero templo que se encontraba de aquel lado de la lomita. Eran pocas cuadras desde su casa, pero el subir y bajar, a su edad; era incomodo por el esfuerzo titánico que ello representaba. Una noche, ya cansada de cada día ir y venir, subir y bajar, se atrevió a mirar al cielo y decir: -Dios, tú que todo lo puedes, ¿Podrías emparejar la lomita y hacer mi travesía hacia la Iglesia más cómoda, quitando la lomita y haciendo el terreno parejo para llegar derechito sin cansarme? Concluyó su oración y se fue a dormir. A la mañana siguiente, lo primero que hizo fue abrir la ventana que daba en dirección a la lomita pero para su sorpresa, ésta todavía se encontraba allí. Al instante la sonrisa se desdibujó en sus labios y con una mueca de enojo replicó: ¡Yo bien sabía que esa lomita no se iba a quitar! La Señora Josefa no tenía fe... "y sin fe no hay café"

La fe es la doctrina llave para la vida cristiana. El vocablo proviene desde los conceptos judíos de " emuná", que significa tres cosas: firmeza, seguridad y fidelidad, y su basta definición bíblica la clarifica al explicar: que es la certeza de lo que se espera o convicción de lo que no se ve, en otras palabras, es la expectativa que uno tenga respecto a lo que aún no observamos físicamente. El pecador es salvo a través de la fe (Efesios 2:8-9), luego el creyente de vivir por fe (2 Corintios 5:7) y aún más, sin fe es imposible agradar a Dios (Hebreos 11:6) y todo lo que ejerzamos sin fe, o ajenos a la misma nos es contado por pecado (Romanos 14:23). Al leer Hebreos 11, en la pasarela de la fe, observamos hombres y mujeres que actuaron creyendo a la palabra de Dios, no importando el precio que tuvieron que pagar. Por consiguiente, la fe no es algo abstracto, neblinoso o ciego, como algunos la han definido: sino por el contrario, la fe es la confianza que la palabra de Dios es verdad y la convicción firme de que actuando sobre ella, adquiriremos bendiciones a nuestras vidas.

Es en este fragmento, donde Santiago discute la relación entre la fe y las obras, un tema de relevante importancia, ya que al errar en este tema, estamos en el grave peligro de errar en nuestra salvación. ¿Qué clase de fe salva? ¿Cómo podemos saber si estamos ejerciendo una verdadera fe? Santiago responde a estas inquietudes explicándonos 3 tipos de fe, de las cuales, sólo una es la verdadera. Póngase cómodo e Iniciemos:

♣ LA FE MUERTA

Podré haberme leído algunas recetas para hacer pizzas pero no es hasta que las haga que podre decir si realmente sé o no sé hacerlas, la práctica siempre evidencia la teoría. La gente con fe muerta, tiende a sustituir los hechos por las palabras, conocen a perfección un vocabulario refinado de semántica cristiana y aún pueden dar pruebas convincentes de conocer sus Biblias, pero su vida no se compara ni se acerca en realidad a ser un cristiano. Ellos piensan que las palabras son tan buenas como los hechos y se equivocan. Santiago nos trae una simple ilustración: Un creyente pobre, entra a un templo sin tener una vestimenta adecuada y tiene necesidad de comida. La persona que tiene una fe muerta, se da cuenta de la necesidad pero no actúa para solucionarla, se limita sólo a balbucear palabras religiosas y tal vez orar. El visitante se va hambriento y careciente, con la misma necesidad que entró al templo sin satisfacerla. En Mateo 25: 40 Jesús mismo aborda este tema *"Y respondiendo el rey, les dirá: De cierto cuanto lo hicisteis a uno de estos mis hermanos más pequeños, a mí lo hicisteis"* El ayudar voluntariamente a una persona, es un acto de amor y fe. El apóstol Juan hace énfasis en ello cuando expresa: *"Pero el que tiene bienes de este mundo y ve a su hermano tener necesidad, y cierra contra él su corazón, ¿cómo mora el amor de Dios en él? Hijitos míos, no amemos de palabra ni de lengua, sino de hecho y en verdad."* (1 Juan 3:17-18) Tanto el Sacerdote como el Levita en la parábola del buen samaritano, tenían un entrenamiento cognitivo de la ley y una acentuada educación religiosa, sin embargo, ninguno de ellos pudo asistir al hombre que desfallecía a la orilla del camino (Lucas 10:25-37) seguramente sabían defender su fe pero no pudieron demostrarlo, ¡Terrible!

El apóstol desafía con la interrogante al final de Santiago 2:14: "¿Podrá la fe salvarle?" La cual podríamos interpretar desde el original "¿Podría este tipo de fe salvarle?" El tipo de fe que no es práctica y no está generando resultados por ende no puede salvar, está inerte y obsoleta ¡Muerta! El insigne Juan Calvino escribió: "Es la fe sólo la que justifica, pero fe que justifica, nunca vive sola". Las personas con fe muerta, poseen una experiencia meramente intelectual, conocen la doctrina de la salvación y la consagración pero no se deciden a permitirle a Dios el control de sus vidas. Conocen la semántica de palabras "cristianas" y aun sus más complejas definiciones pero no viven lo que parlotean, convirtiéndose así, en vanos orates, sin el fundamento de los hechos. La fe en Cristo brinda vida (San Juan 3:16), donde hay vida por ende hay crecimiento, donde se crece, consecuentemente habrá frutos. Notemos con interés que en tres ocasiones, Santiago menciona acentuándonos con relevada importancia que la fe sin obras es muerta (Cap.2:17; 20 y 26).

Amigo, tenga mucho cuidado con una fe meramente intelectual, ninguno puede venir a Jesús y permanecer igual después de haber tenido contacto con el maestro. 1 Juan 5:12 "El que tiene al hijo, tiene la vida;..." Es más que evidente, la fe muerta no es una fe que salva; ésta fe, sólo adormece anestesiando al portador con una expectativa falsa e ilusoria de "ser salvo". Ya lo decía el sabio Proverbista de Jerusalén *"Hay camino que al hombre le parece derecho; Pero su fin es camino de muerte."* (Proverbios 14:12)

♣ LA FE SENSACIONALISTA

Podría llamarle también la fe de emociones, aunque pareciera que esta vez Santiago gusta sacudir a sus lectores utilizando a los demonios como ilustración, dándole el denominativo de una fe demoniaca. Jesús durante su ministerio echó fuera demonios y antes de partir, le vemos dando ese poder a sus discípulos, hoy, poder que es otorgado a los que creen, es decir, a toda la iglesia. El insigne Pablo, muchas veces fue confrontado por fuerzas malignas y la carta a los Efesios amonesta insistentemente a portar la protección de Dios y derrotar las fuerzas demoniacas que nos enfrenten. Realmente, es sorprendente que los demonios tengan fe, pero ¿Qué es lo que ellos creen? Creen en la existencia de Dios, ellos no son ni agnósticos ni ateos, además creen en la deidad de Cristo, prueba de ello es cuando se muestran ante el maestro en la gente que era sanada, al inicio de su ministerio. (Marcos 3:11-12), creen en la existencia de un lugar de castigo (Lucas 8:31) y reconocen a Jesucristo como gran juez (Marcos 5:1-13) y aún se someten al poder de la palabra de Dios: "Oye, Israel: Jehová nuestro Dios, Jehová uno es." (Deuteronomio 6:4) afirmación que era el pan diario de fe profesado por cualquier judío nominal. Santiago asevera: *"Tú crees que Dios es uno; bien haces. También los demonios creen, y tiemblan."* (Santiago 2:19). El hombre que sólo es tocado en su intelecto tiene una fe muerta, sin embargo, vemos que los demonios además de creer TIEMBLAN. Es decir, los demonios son tocados en sus emociones. Imperativo es saber que la experiencia de sólo creer y temblar no salva a nadie.

Es factible que una persona sea iluminada en su mente, movida en su corazón pero aun así permanecer perdido. La fe auténtica envuelve algo más que sólo emociones, puede ser vista y reconocida casi tangiblemente en una vida transformada. Efesios 2:10 puntualiza:*" Porque somos hechura suya, creados en Cristo Jesús para buenas obras, las cuales Dios preparó de antemano para que anduviésemos en ellas."*

Cuán alarmante es mis amigos, que hoy en día veamos a muchísimos cristianitos movidos por el "sentir" de las emociones y no por la firme VOLUNTAD. "Ya no me siento a gusto en esta iglesia, considerare en cambiarme", "es que aquí siento que ya no me dan amor", "es que siento como que el pastor...", "hoy si me gustó porque sentí la alabanza más avivada", y la lista puede ser interminable de frases que evidencian a los nenes caprichudos de las congregaciones. ¿De pura casualidad, no le suena familiar? ¿Quién te dijo que adoración es sólo cuando se sienta? ¿Quién dijo que hay que esperar hasta que me "nazca bautizarme" para hacerlo, cuando es una decisión de obediencia? ¿Quién dijo que hay que sentir diezmar cuando está estipulado en las Sagradas Escrituras? ¡Tenemos que movernos de los sentimientos a la voluntad!

Muchas cosas debes hacer, aunque no las sientas y ello es madurez. Va haber ocasiones en las que te hincarás y no sentirás nada durante la oración. Permanece; es sólo una prueba de tu dependencia en Dios, los cobardes abandonarían de inmediato, ¡Tú no eres un cobarde! Los valientes perseveran aunque no sientan, por la simple decisión de hacerlo.

♣ LA FE DINAMICA

Hasta aquí Santiago nos ha presentado dos clases de fe insuficientes, qué en definitiva no pueden salvar al pecador: la fe muerta o intelectual y la fe de emociones o demoniaca. Al llegar a este punto y sabiendo lo que no es fe auténtica, veamos ahora la única fe que logra salvar al individuo, yo la denomino "la fe dinámica".

La fe dinámica en real, es una fe de poder y la que por tener vida, genera resultados. En primer lugar este tipo de fe, está basada en la palabra de Dios *"El, de su voluntad, nos hizo nacer por la palabra de verdad, para que seamos primicias de sus criaturas".* (Santiago 1:18)Como ya lo hemos mencionado, hemos nacido espiritualmente a través de la palabra del creador, esta palabra es la que nos salva y la razón de ello es porque la misma produce fe (por cierto, no es orando que tenemos fe sino escuchando), la cual envuelve por completo al individuo tenedor. *"Así que la fe es por el oír, y el oír, por la palabra de Dios."*(Romanos 10:17). Mientras la fe muerta toca solo la mente, y la fe demoniaca exclusivamente las fibras emocionales; es la fe dinámica, la que satura hasta llegar, pasando por la mente y las emociones, hacia la voluntad en la cual se actúa sobre dicha verdad. Los hombres y mujeres de fe mencionados en Hebreos 11 eran sin lugar a dudas, personajes de acción. De allí que ambos vocablos (fe y acción) caminen amalgamados sin poder ser separados el uno del otro para su funcionabilidad. La fe dinámica, no es una mera contemplación de los hechos o una consternación emocional debido a los hechos, la fe activa lleva a la obediencia movida por la firme voluntad. Nunca será una experiencia única, sino más bien un estilo de vida que durará toda la vida hasta que Jesucristo vuelva, por cierto, es Jesús quien hace la gran interrogante que solo en la intimidad de tu corazón podrás responder: *"Pero cuando venga el Hijo del Hombre, ¿hallará fe en la tierra?"* (Lucas 18:8)

El apóstol Santiago, con el afán de dejar este tema más que claro, nos ilustra con las biografías de dos personajes muy conocidos en las sagradas escrituras. Abraham y Rahab, usted no podría encontrar dos personas más diferentes que ellos. Abraham era judío, Rahab era gentil, Abraham era un hombre de Dios, Rahab era una mejor pecadora dada a la mala profesión que ejercía en Jericó. Abraham era amigo de Dios, Rahab pertenecía al pueblo enemigo de Dios. Sin embargo, ¿Qué pueden tener estas dos personas en común como para ser tomados como ejemplo? ¡Ambos ejercitaron una fe dinámica!

El día que Dios le habló a Abraham fue eminente y definitivo. Dios le llamó a salir de la tierra de Ur para dirigirlo hacia Canaán y allí fundar la gran ciudad de Israel. Sería a través de Israel que el gran YO SOY traería salvación a la raza humana. La experiencia salvífica de Abraham, la encontramos en Génesis Capítulo 15. Justo a la media noche, Dios le convocó a una amena charla fuera de su tienda, contemplando las estrellas, allí le dio una promesa. *"Y lo llevó fuera, y le dijo: Mira ahora los cielos, y cuenta las estrellas, si las puedes contar. Y le dijo: Así será tu descendencia. Y creyó a Jehová, y le fue contado por justicia."*

(Génesis 15:5-6) Abraham no hizo ninguna obra para su justificación; la recibió como un regalo de Dios y fue declarado justo, por la fe (Romanos 4). La justificación es una doctrina relevante en el Canon Bíblico. Podría definir que la justificación es un acto de Dios donde, Él declara al pecador justo, sobre el fundamento de la obra culminada de Cristo en la cruz. No es un proceso, es simplemente un acto, no es lo que el pecador hace para acercarse a Dios, es lo que Dios ya hizo amando al pecador al dar a su hijo en expiación. Es inmutable y fue hecho una vez y para siempre. ¿Cómo podríamos saber si una persona es justificada por la fe y si tal transacción realmente ha tenido lugar entre el pecador y Dios? El ejemplo de Abraham responde a esta interrogante. La persona justificada transforma su vida rindiendo ahora su voluntad en obediencia a Dios. Su fe es evidenciada a través de sus obras. Santiago pone a relieve otro evento insigne en la vida de Abraham, suceso que tuvo lugar muchos años después de su conversión, la ofrenda de Isaac en el altar (Génesis 22) El patriarca no fue salvo por obedecer a este difícil mandato divino, sino más bien, su obediencia certifica que él ya era salvo. *"¿No ves que la fe actuó juntamente con sus obras, y que la fe se perfeccionó por las obras?"* (Santiago 2:22) Existe una relación equidistantemente perfecta entre fe y obras, Abraham no fue más salvo por la fe que por las obras, pero por la fe produjo obras.

En la segunda ilustración, se nos muestra a Rahab cuya historia podemos encontrar en el libro de Josué 2:6. La recién libre nación de Israel, estaba lista para poseer la tierra que se les había prometido al salir de Egipto. La conquista no sería fácil, sin embargo, ya estaban decididos a ir ciudad por ciudad. La primera de las tantas aldeas es Jericó. Josué, el prócer conquistador, envía espías a la comarca para que observasen diligentemente cómo estaba constituida: un estudio de campo. Allí se encuentran con Rahab, una hetaira del pueblo, quien los esconde de sus captores al ser ellos perseguidos por los vecinos audaces en descubrir la trama de tal conspiración. Rahab confesó tener un credo firme en el Dios de ellos y cuando estos salieron, le prometieron salvarla junto con su familia al ser la ciudad tomada; así lo hicieron. ¡Qué historia tan fascinante! Un ejemplo conmovedor de lo que es la fe dinámica, tan es así, que quedó grabada en las memorias de Hebreos 11. Rahab escuchó la palabra de Dios y supo que la ciudad sería condenada, tal verdad afectó su vida como la de los conciudadanos que vivían alrededor, desfalleciendo por el terror que tal masacre representaba. Sin embargo, ella respondió con determinación hacia una correcta voluntad, sin importarle, arriesgó su vida al proteger a los espías y aún más al compartir las buenas nuevas de liberación con su familia. Rahab pudo haber tenido una fe muerta, si solo sabe que en ayudar a estos incógnitos está su salvación, pero no hace nada por ellos. Quizás hubiese podido tener una fe sensacionalista o demoniaca, donde además de su mente sus emociones sean movidas a sentir cierta compasión por ellos, ya que los tales eran los del problema inmediato, pues sus captores les perseguían. Pero no, ella ejerció una fe dinámica; su mente conocía la verdad, su corazón le movía a obedecer y finalmente su voluntad actuó sobre lo que ella ya sabía. Entonces, como resultado de todo este algoritmo procesal, obtenemos que Rahab evidenció su fe a través de sus obras. Cuando consideramos que Rahab tenía muy poca información al respecto, es sorprendente ver en esta mujer una fe tan maravillosa, suficiente como para cambiar el rumbo de su historia.

Hoy abunda iluminación respecto a las verdades eternas, portamos una Biblia teniendo así conocimiento de los designios de Dios, de su amor al dar su hijo y aún más, tenemos al Espíritu Santo que nos guía en nuestro andar cristiano(Lucas 12:48)es entonces que la historia de Rahab es una apelación a los incrédulos. No nos engañemos, el cristiano maduro practica lo que ha aprendido cada día de su vida, su fe no está muerta, no es meramente intelectual, manteniéndose solo en primera base, como en el deporte del béisbol, sino que llegando a todas las facetas, hace carrera hasta ver traducido en acción, lo que se cree. Abraham y Rahab, ejemplos radicales que con el dinamismo de su fe trastornaron sus vidas, su entorno y su proceder.

Ahora solo basta ser diligentes a la sabia exhortación del apóstol Pablo, cuando escribía a los Corintios diciendo: *"Examinaos a vosotros mismos si estáis en la fe; probaos a vosotros mismos. ¿O no os conocéis a vosotros mismos, que Jesucristo está en vosotros, a menos que estéis reprobados?"* (2 Corintios 13:5) Satanás, como artífice de toda mentira, tiende a engañar constantemente y la imitación siempre será uno de sus más valorados recursos a la hora de atacar a un "cristiano", si logra convencer a alguien que su "fe" de imitación es auténtica, aunque sea evidente tal falacia, ya ha tomado un control sobre dicha persona. ¡Cuidado!

♣PARA REFLEXIONAR

¿Comprende lo que realmente significa el sacrificio de Jesús en la cruz del calvario aceptándolo para la salvación de su vida? ¿Qué relación mantiene con el Espíritu Santo y la palabra de Dios? ¿Ha visto cambios notables en su vida que han sido perceptibles a los que le rodean? ¿Se goza en el compañerismo del pueblo de Dios? ¿Se emociona solamente en los sermones de domingos o busca llevarlos a la acción en su diario vivir? ¿Qué tipo de fe es la que ha venido profesando?

♣VERSICULO A DISCUSIÓN

Hebreos 6:12 *"...a fin de que no os hagáis perezosos, sino imitadores de aquellos que por la fe y la paciencia heredan las promesas."*

♣FRASE PARA PENSAR

"Es la fe sólo la que justifica, pero fe que justifica, nunca vive sola". Juan Calvino

7. "planktón en el malévolo plan de dominar"

La insignia del control de la lengua

Muy cercas del fondo del mar, vecino del extrovertido Bob, la esponja cuadrada sonriente de la cadena nickelodeon. Vive el señor Sheldon J. Plankton, diminuto personaje dueño del repugnante restaurant Chum Bucket, quien constantemente idea planes villanos para tener la famosa receta de las cangre-burguers y así conquistar a los clientes de la aldea. Plankton, es un ser malévolo y sin importar su pequeño pero muy pequeño tamaño, tiende hacer de las suyas, que cuando lo logra, solo genera tragedia, destrucción y caos. ¡Qué ejemplo más atinado para hablar, sobre la lengua! Los mismos efectos se producen cuando nos dejamos mover por este paupérrimo órgano móvil muscular situado en nuestra boca. Los niños difícilmente tienen control sobre lo que hablan, ellos dicen todo, aún lo que no deben, sin embargo, al llegar a la madurez, se debe entender que hay cosas que se pueden y otras que no se pueden decir.

El apóstol Santiago, al iniciar su capítulo 3, pone a nuestra consideración el poder extraordinario de las palabras, como un don brindado por Dios al hombre. A través de la lengua el individuo puede adorar, orar, predicar el evangelio, aconsejar dando dirección a alguien y aun evangelizar. ¡Qué maravillosa y útil herramienta! No obstante, es con la misma lengua con la que se puede mentir y destruir así toda credibilidad; enemistar, criticar, chismear demoliendo las relaciones intrapersonales y exterminando amistades. La habilidad de hablar, es sumamente importante para el cristiano maduro, aunque muchas veces esta insignia es difícilmente alcanzada. ¡Qué terrible!

Ahora bien, para entender a totalidad la relevada acentuación que tiene este tema, el escritor de la Epístola, nos muestra seis imágenes acerca de la lengua: Un freno de caballo, un timón, el fuego, un animal, una fuente y finalmente una higuera. Puedes colocar estos seis cuadros en dos grupos y así obtendrás tres magníficos conjuntos que clasificados apropiadamente nos revelarán los tres poderes intrínsecos de la lengua. Yo les llamo la regla de las "3D" para controlar la lengua; Poder para Dirigir, de ellos nos clarifica el freno del caballo y el timón; en segundo lugar, aprendemos que además tiene poder para Destruir, se nos explica con el fuego y los animales; en tercer lugar, la lengua tiene poder para Deleitar, la fuente y la higuera son los representantes de este aspecto. No lo olvides, poder para Dirigir, Destruir y Deleitar.

♣PODER PARA DIRIGIR

Santiago 3:1-4 *"Hermanos míos, no os hagáis maestros muchos de vosotros, sabiendo que recibiremos mayor condenación. Porque todos ofendemos muchas veces. Si alguno no ofende en palabra, éste es varón perfecto, capaz también de refrenar todo el cuerpo. He aquí nosotros ponemos freno en la boca de los caballos para que nos obedezcan, y dirigimos así todo su cuerpo. Mirad también las naves; aunque tan grandes, y llevadas de impetuosos vientos, son gobernadas con un muy pequeño timón por donde el que las gobierna quiere."* La premisa Bíblica inicia con una exhortación estricta: muchos querían ser líderes y maestros. ¡Cuidado! ¿Qué tiene de malo ello? ¡Nuestras motivaciones! El cristiano inmaduro gusta de llamar la atención, nadie sabe más que él y en sus propios razonamientos siempre tendrá la razón, la prepotencia acompañada del orgullo y la soberbia, le instan a ver hacia abajo a los demás y aunque a veces no lo diga, sus acciones lo delatan al ser partícipe de tales nefastas actitudes. En cambio, el cristiano maduro, sabe la inmensa responsabilidad que lleva consigo el ser maestro, junto al prestigio, la investimenta de autoridad, el ministerio, los reconocimientos y los reflectores; existe una tremenda carga, pues aquellos que enseñamos la palabra divina, seremos juzgados más seriamente. Los maestros debemos usar la lengua para proferir con extrema cautela la verdad de Dios. Enseñar y no practicar lo que compartimos, nos vuelve en no más que hipócritas, embusteros e impostores. El daño es terrible en los educandos, cuando tal actitud es descubierta en un seudo maestro. ¿Entiende el por qué Dios trabaja en nosotros antes de trabajar a través de nosotros? Ahora los primeros temas que aprendimos, como las pruebas, tentaciones, unidad y practicar la palabra cobran un sentido significativo ¿no es cierto? Triste es ver obreros, que en lugar de beneficio, causen deshonra al reino, la madurez hace la diferencia. Santiago al final del primer versículo, considera que todos ofendemos y no una sino muchas veces.

Ahora bien, las ilustraciones de un freno de caballo y un timón de barco son muy atinadas, ya que ambas, aunque son pequeñas entre sí tienen una poderosa influencia sobre el todo en el que se encuentran al igual que el minúsculo villano de la serie de Stephen Hillenburg (creador de la serie animada Bob Esponja); por ello el título de este capítulo: "Plankton en el malévolo plan de dominar". Un pequeño freno permite al que cabalga, controlar un animal grande dirigiéndolo hacia donde él quiere. Por otro lado, el pequeño timón del barco permite al piloto dirigirlo a su conveniencia. La lengua siendo un órgano pequeño, está facultada para comandar grandes hazañas controlando aún nuestro propio cuerpo. Ambos ejemplos, el freno y el timón, deben vencer fuerzas titánicas. El freno debe vencer la fuerza salvaje del mismo animal, mientras que el timón, tiende a batallar contra la fuerza del viento y la corriente, que sin dudar, tratarán de mover el barco en dirección contraria. Es aquí cuando reflexiono que al igual, la lengua debe vencer fuerzas opositoras. Llevamos consigo una naturaleza pecaminosa que desea controlarnos, arrastrándonos hacia la desobediencia, además, de las circunstancias externas que nos dirigen hacia un instante decisivo sobre el pecar o no pecar, ambos factores compiten con vehemencia para dominar la lengua. Ante esta disyuntiva: es necesario que así, tanto el freno como el timón deben estar bien controlados, la lengua esté sujeta en todo tiempo, para no vagar en abstractos conflictos. Qué importante es que sea Dios quien controle nuestra lengua, solo así, podremos arribar a buen puerto. Un poder tan serio, de vida o muerte, no puede ser tomado a la ligera. *"La muerte y la vida están en poder de la lengua,"* (Proverbios 18:21ª) Ahora entiendo por qué David atinadamente oró: *"Pon guarda a mi boca, oh Jehová; Guarda la puerta de mis labios. No dejes que se incline mi corazón a cosa mala,"* (Salmos 141:3-4) El insigne rey de Israel, conocía a la perfección que el corazón, es la llave que abre el vocabulario, enseñanza con la que el maestro nos iluminaria más tarde. *"¡Generación de víboras! ¿Cómo podéis hablar lo bueno, siendo malos? Porque de la abundancia del corazón habla la boca."* (Mateo 12:34). El freno y el timón son interesantes por su poder para dirigir, dirección que en la lengua puede trascender, afectando no solo tu vida, sino la de los que te rodean. Tanto el caballo que corre, desprendiéndose del control, como el barco que pierde el control de su timón, podrían causar daños severos e impactantes, no solo a quien los sostenga sino a todo aquel que esté, ya sea cerca de la bestia o dentro del barco. ¡Qué tu Titanic no se pierda entre las frías y lúgubres aguas del océano Atlántico! Lo que dices afecta, creas o no, a quienes te escuchen. Un juez puede decir culpable o inocente y estas pequeñas palabras afectarán el destino del procesado, de su familia y la de sus amigos. El ejecutivo del país, puede articular algunas cuántas frases y se puede desatar un caos transnacional. En ocasiones, un simple sí o no en los labios de los progenitores, puede afectar para siempre la vida de un niño.

Mis amigos, nunca tengan en menos las palabras que profieren, no tomen a la ligera la gran responsabilidad que es dar un buen consejo. Una amena conversación, junto al pozo de Jacob de Jesús con aquella solitaria mujer de Samaria, hizo la diferencia, para que toda una ciudad experimentara el gozo de la salvación. El apóstol Pedro predicando un fantástico sermón en el día del Pentecostés, provocó que más de tres mil personas conocieran la salvación a través de la fe en Cristo. Una mañana, el 21 de abril de 1855, Edward Kimball fué a la ciudad de Boston a comprar zapatos. En la zapatería se encontró con un joven al que le compartió de su fe en Jesucristo. Aquella mañana fue crucial en la vida del recién convertido, Dwight E. Moody, quien más tarde llegaría a ser uno de los más grandes evangelistas en la historia cristiana universal. Todo porque un hombre, quien para nosotros puede pasar desapercibido, pero nunca para Dios; le habló al Sr. Moody del poder del evangelio.

La lengua tiene un poder extraordinario para dirigir y de aquí emerge una interrogante a considerar: ¿Hacia dónde estás dirigiendo tu vida y la de los demás? Lo que frecuentemente hablas, es hacia donde te estas encauzando, ya sea hacia lo bueno o a lo nefasto, importante es aferrarte al control, si no el pequeño músculo es capaz de controlarte a ti. El libro de Proverbios es una vasta fuente de sabiduría al reiterarnos constantemente la importancia de tener el control de la lengua: *"La blanda respuesta quita la ira; Mas la palabra áspera hace subir el furor. La lengua de los sabios adornará la sabiduría; Más la boca de los necios hablará sandeces."* (Proverbios 15:1-2); *"Los labios mentirosos son abominación a Jehová; Pero los que hacen verdad son su contentamiento."* (Proverbios 12:22) aún más; *"En las muchas palabras no falta pecado; Más el que refrena sus labios es prudente."* (Proverbios 10:19) ¡Pon el freno ya! Un cristiano maduro es consciente de lo que dice y nunca hablará por hablar. Un cristiano no parlotea, dice con fundamentos razonadamente, no insinúa decir, sino más bien habla sabiendo que al mínimo descuido las tragedias saldrán muy caras.

♣PODER PARA DESTRUIR

Por más pequeña que consideremos una palabra y en ocasiones basta con tan solo un mal adjetivo, para iniciar un feroz incendio que destruya y devaste a cantidades industriales; Proverbios 26:20-21 nos ilumina con una irrebatible verdad: "*Sin leña se apaga el fuego, Y donde no hay chismoso, cesa la contienda. El carbón para brasas, y la leña para el fuego; Y el hombre rencilloso para encender contienda.*" Mis amigos, terrible es reflexionar que muchas iglesias han sido divididas y devastadas a causa de un liderazgo, o de un "grupito", que sin escrúpulos y no razonando al hablar, han dado rienda suelta a su incontrolable lengua, no solo asesinando a los recién convertidos, sino más bien autores de genocidio espiritual que contamina a la congregación, convirtiéndola en un lugar siniestro. Y aunque con el poder del altísimo, la iglesia puede ser restaurada, las heridas y cicatrices son dolorosas durante el proceso. El insigne David bien se valió el título de "Hombre conforme al corazón de Dios" En el Salmo 39:1 y 3 expresa: "*Yo dije: Atenderé a mis caminos, Para no pecar con mi lengua; Guardaré mi boca con freno, En tanto que el impío esté delante de mí...Se enardeció mi corazón dentro de mí; En mi meditación se encendió fuego, Y así proferí con mi lengua*" Por casualidad ¿Ha tenido usted una experiencia similar? ¡Claro que sí! Un corazón ardiente detona hacia un vocabulario, que como incendio voraz, destruye todo a su paso. ¡Que necio es destruir! (Proverbios 14:1).

Satanás constantemente está destruyendo, de hecho es su oficio por excelencia, y cruel es decirlo, que aún dentro de la misma congregación, existan "cristianitos" inmaduros que consciente o inconscientemente le ayuden. ¿De qué lado estamos? ¡Qué alguien me explique por favor! Es aquí donde adquieren un sentido mayúsculo las palabras del Sabio Salomón: "*El que ahorra sus palabras tiene sabiduría; De espíritu prudente es el hombre entendido. Aun el necio, cuando calla, es contado por sabio; El que cierra sus labios es entendido.*" (Proverbios 17:27)

¿Cómo sabemos que alguien es plenamente maduro? Cuando tiene esa inmensa fortaleza de que digan lo que le digan, por más ofensivo e hiriente que esto sea, mantener su boca cerrada sin que aquello le afecte; es una decisión si se bebe el veneno que se ofrece, pero si es dañino ¿Entonces para que beberlo? No te aires con facilidad y mantén una actitud ecuánime en cada circunstancia, ello es un código de sabios. *"El que tarda en airarse es grande de entendimiento; Mas el que es impaciente de espíritu enaltece la necedad."* (Proverbios 14:29) Todo incendio inicia con un fuego pequeño, a veces tanto como el diminuto tamaño de una chispa eléctrica o el pequeño punto encendido de un repelente de mosquitos. Sin embargo, al crecer, corrompe todo lo que se encuentre a su paso, dejando en ocasiones manchas difíciles de quitar, las cuales deberán ser resanadas y no más que un olor tétrico es el que se respira en dicho ambiente.

Las palabras pueden causar daños atroces a la vida de un niño que crece con amargura; de un adolescente con vacíos de identidad, carente de aceptación y afecto; a una esposa de vida lúgubre, que llora en la intimidad los adjetivos de un despiadado marido; al estudiante sin motivaciones, opacando el potencial que lleva consigo; al empleado que lo hacen sentir hostigado e inútil, haciendo de él cada vez más, un ente torpe e improductivo. Al feligrés ávido de desarrollar un servicio en el engrandecimiento del reino, pero que es subestimado a raíz de celos o envidias ministeriales de parte de su pastor o liderazgo. Lo único que puede arrancar esas criminales palabras, es la poderosa palabra de Dios sobre ellas. Tal vez te has sentido herido por el comentario ingenuo de alguien, la verdad, yo también he estado allí. Recuerdo con lágrimas en los ojos, la cantidad de palabras hirientes que recibí de quienes nunca pensé recibirlas. Sin embargo, aunque en un principio me devastaron, casi destruyéndome y arrancando mi follaje; fue el cariño de Dios bajo un manto glorioso de gracia, el cual me sanó y me invitó a refugiarme, quedando así a salvo. Al salir ileso de la destrucción, he aprendido que ello fue necesario en el proceso de mi madurez, para tener cuidado al hablar.

Ponernos en el lugar de quien escucha, es imperativo para empatizar una conversación. Cuando el fuego arde provoca dolor, lo mismo que las palabras violentas. "Un cristiano maduro cuida lo que dice, pero aún más cómo lo dice, dónde lo dice, a quién se lo dice, por qué se lo dice y qué pretende con lo que dice". ¡Qué interesante, que nada de esto pasa por nuestra mente al instante de hablar! ¡Cuántos problemas no se evitarían, si tan solo adquiriéramos la insignia del control de la lengua!

"Y la lengua es un fuego, un mundo de maldad. La lengua está puesta entre nuestros miembros, y contamina todo el cuerpo, e inflama la rueda de la creación, y ella misma es inflamada por el infierno." (Santiago 3:6) El apóstol es muy puntual al enseñarnos, que la lengua directamente está conectada a todo el eje de la vida, afectando no solo nuestra propia existencia, sino de aquellos que nos rodean. Tal es la velocidad con que el fuego se propaga, de la misma forma el impacto de nuestros fonemas articulados, tienden a desbordarse cuando no se les ejerce un firme control. Además del cuadro del fuego, Santiago nos ilustra este mismo postulado, pero ahora con un animal indomado. Ningún jinete inexperto en su sano juicio, montaría un caballo bronco. ¡Los resultados serían tétricos! Aún más, algunos animales fieros tienen veneno, como las serpientes. El problema acerca del veneno es que penetra sigilosamente y luego mata a su víctima. Cuántas veces la mentira, el chisme y la ira desmesurada han matado la reputación de las personas. Como pastor, he observado el terrible daño que causa, que lenguas venenosas estén en la congregación. ¿Abriría usted la puerta para que lobos hambrientos y serpientes venenosas convivan con las tiernas ovejas? ¡Por supuesto que no! Lo mismo es, cuando nos permitimos amistar con lenguas maliciosas a nuestro alrededor. Santiago hace una extraordinaria aseveración. Los animales se pueden domar y aún el fuego tiene facultades para ser controlado. Cuando se doma un animal, ganamos una ayuda, un trabajador hacia nuestro favor, cuando el fuego es controlado se gana poder. Sin embargo, en el versículo 8 del capítulo 3 de la Epístola, se dice que el hombre es impotente al domar su lengua, ésta más bien, debe ser dominada exclusivamente por Dios, cuando nos negamos a nosotros mismos. Cuando al corazón se le alimenta con la palabra de Dios la lengua solo hablará verdad y edificación. ¿De qué estamos llenando el corazón? La respuesta es tangible, en el contenido de sus palabras. El corazón viene a ser como una alacena, donde se almacenan los víveres de la semana, no se puede sacar aquello que no se guardó previamente. *"De la abundancia del corazón habla la boca"* Un corazón destruido siempre tenderá a destruir ya que: Definitivamente, no se puede dar aquello que no se tiene.

♣PODER PARA DELEITAR

Un tercer poder que tiene la lengua, es la de deleitar; comparándose a una fuente y a una higuera. Si estamos cansados y con sed, no hay mejor lugar que sentarnos cerca a la fuente, donde sus aguas frescas reaviven nuestras energías. El vital líquido sirve para todo, ello lo hace vital. El hombre necesita agua para beber, asearse, cocinar, plantar y cosechar. Una vez más el sabio de Israel, nos inspira al decirnos: *"Aguas profundas son las palabras de la boca del hombre; Y arroyo que rebosa, la fuente de la sabiduría".* (Proverbios 18:4) Luego también expresa: *"Manantial de vida es la boca del justo; Pero violencia cubrirá la boca de los impíos."* (Proverbios 10:11) Y más: *"La ley del sabio es manantial de vida Para apartarse de los lazos de la muerte."* (Proverbios 13:14) Esos tres versículos, tienen una inmensa relación, con lo que Santiago nos explica acerca de la importancia de nuestras palabras. El agua produce vida en nuestro cuerpo, al transformarse bioquímicamente en nuestra sangre, así mismo, las palabras bien empleadas que proferimos, tienen el potencial de producir vida. El agua, limpia; tal y como lo hace la palabra de Dios, de allí que vienen a ser una ilustración equidistante. (Juan 15:3 y Efesios 5:26-27) Qué importante es que nuestra dicción la dirijamos amalgamada a los preceptos y principios de Dios, para que puedan ayudar a quienes las escuchen, a sanar y ser limpios ante su presencia. La lengua deleita, cuadro que podemos admirar ante la imagen de un árbol frutal. Tanto en los tiempos bíblicos como en la actualidad, los árboles y la agricultura, son factores importantes y vitales para la economía del país. Un árbol frondoso, brindará su vasta sombra, protegiendo a quienes se acerquen, de los candentes rayos del sol y además su fruto será delicioso al paladar de quien lo guste. Nuestras palabras pueden brindar confort, descanso, seguridad y aun alimentar al alma que necesite de nuestros frutos. Con acertada ilustración el maestro enseñó: "...las palabras que yo os he hablado son espíritu y son vida." (San Juan 6:63) Al evangelizar, compartiendo con otros la palabra de Dios damos la energía y nutrientes espirituales que ésta tiene. Al llegar este punto, es imperativo conocer que lo importante del árbol son sus raíces, a estas les llamo "el fondo" y desde el tronco hasta las ramas llamaré "la forma". Toda forma, que es lo que se ve delante de cámaras como los actores, requiere un buen fondo, lo que no se ve, pero fue importante, como la labor del escritor de un guión o el productor en alguna película. Todas las cosas tienen esas dos partes, desde un título universitario, una empresa, una casa, una familia, una persona, una congregación, un ministerio, etc. Todo está dotado de un fondo y una forma. Como sea el fondo será la forma que proyecte. Si lo que se ve está mal, nos indica que algo en el interior no anda bien. Si el árbol no está deleitando y dando frutos, nos revela que sus raíces no son profundas, como para llegar a fluviales de agua y así generar sus resultados. Interesante es analizar, que el justo es comparado con un árbol en el Salmo 1, el cual está plantado junto a corrientes de aguas, dando fruto sin que su hoja caiga, lo que indica fuerza y fortaleza, además, culmina el versículo 3 diciendo: que lo que hagamos prosperará. Al escudriñar este salmo note usted que el Salmo 1 no se interesa en cuántos años tiene el árbol, sino cuán cerca está de las aguas. Por un instante sea honesto consigo mismo: ¿Su lengua da fruto que deleite? "Nuestra forma será proporcional a la medida de nuestro fondo" Hoy más que nunca es necesario que nuestras raíces desciendan cada día más hacia las corrientes del agua de Dios; es imperativo orar, meditar y permitir que el Espíritu Santo llene nuestro corazón con su palabra, solo allí ya no diremos algo, si no que tendremos algo poderoso para decir.

Santiago nos da una tajante advertencia en la parte final de este párrafo. Nos explica con claridad que una fuente no puede producir dos tipos de agua, así como el árbol no puede generar dos tipos de fruto. Si nuestra lengua es inconsistente, hay algo que anda mal en nuestro corazón y es un importante indicador para correr con diligencia hacia la sala de urgencias del Espíritu Santo. Una mañana, Juan Pérez, quien se dice cristiano desde hace algunos años, ya cansado con un compañero de oficina, nervioso, pero con cierto ánimo de rencor, estalló en cólera gritando y maldiciendo, diciendo hasta lo que no debía, con palabras muy altisonantes. A los segundos siguientes, lleno de vergüenza le dijo a su compañero. – Discúlpame, no sé por qué estoy diciendo esto, porque yo no soy así" Su compañero se limitó a responder: "No digas eso, porque si no fueras así, simplemente no lo hubieras dicho".

¿Se acuerda de Pedro fuera de la relación con el Espíritu Santo? En un momento juró que no conocía a Cristo, luego con lágrimas ya afuera confesó con arrepentimiento ese pecado tan grande. La lengua que en un instante bendice y alaba a Dios durante el servicio en la congregación, pero al darse la vuelta es capaz de hablar mal (aunque sea verdad lo mal que hable) de los hombres que fueron creados a imagen de Dios, necesita medicina espiritual urgente. Qué fácil es cantar himnos durante la reunión y al finalizar, mientras viaja de regreso en su automóvil, comenzar un problema familiar entre dichos y diretes, que solo roban el gozo y la paz ya concebidos. Santiago dice: "mis hermanos, esto no debe ser así". ¡Por supuesto!, soy reiterante en que el problema está en el corazón, el fondo de toda palabra articulada. *"Pero lo que sale de la boca, del corazón sale; y esto contamina al hombre."* (Mateo 15:18)

Amigos, al analizar con cuidado que es lo que nuestra lengua está produciendo o en su defecto destruyendo, nos daremos cuenta el tipo de "cristianos" que somos. Un cristiano maduro será capaz de pararse frente a este espejo y desafiarse. Recuerda siempre que la lengua tiene poder para Dirigir, Destruir y Deleitar. ¿Y ahora, cómo la vas a usar?

♣PARA REFLEXIONAR

¿Qué frutos están produciendo nuestras palabras? ¿Somos conscientes del impacto que tiene nuestra lengua ante los demás? ¿Hablamos en ocasiones sin fundamentos?

♣ VERSICULO A DISCUSIÓN

Efesios 4:29 *"Ninguna palabra corrompida salga de vuestra boca, sino la que sea buena para la necesaria edificación, a fin de dar gracia a los oyentes"*

♣FRASE PARA PENSAR

"Qué importante es que sea Dios quien controle nuestra lengua. Un poder tan serio, de vida o muerte, no puede ser tomado a la ligera" Claudio Kzooky Rodriguez

8. "pleito de sabidurías"
La insignia de la sabiduría

En cierta ocasión, un joven llegó a un campo de leñadores con el propósito de obtener trabajo. Habló con el responsable y éste, al ver el aspecto y la fortaleza de aquel joven, lo aceptó sin pensárselo y le dijo que podía empezar al día siguiente. Durante su primer día en la montaña, trabajó duramente y cortó muchos árboles. El segundo día trabajó tanto como el primero, pero su producción fue escasamente la mitad del primer día. El tercer día se propuso mejorar su producción. Desde el primer momento golpeaba el hacha con toda su furia contra los árboles. Aun así, los resultados fueron nulos. Cuando el leñador jefe se dio cuenta del escaso rendimiento del joven leñador, le preguntó:

-¿Cuándo fue la última vez que afilaste tu hacha?

El joven respondió:

-Realmente, no he tenido tiempo... He estado demasiado ocupado cortando árboles...

Afilar el hacha es llevar en práctica constante el conocimiento adquirido, término que podemos definir como sabiduría. La sabiduría, es un ingrediente importante en la vida de todo judío. Ellos sabían que no era suficiente tener conocimiento, sino más bien, que el individuo debería tener sabiduría para aplicar los conocimientos de la manera correcta. Algunas personas son muy inteligentes desde la perspectiva intelectual, sin embargo, no son capaces de hacer una decisión sabia, como rendir su existencia a Jesucristo. Muchos pueden programar sofisticados sistemas en inteligentes ordenadores, pero son impotentes de manejar sus propias vidas. *"Sabiduría ante todo; adquiere sabiduría; Y sobre todas tus posesiones adquiere inteligencia"*. (Proverbios 4:7). Bajo el mismo tenor del capítulo anterior, además de saber el cómo articular nuestras palabras, es importante que vivamos lo que predicamos.

Debe saber y practicar lo que dice y es aquí donde la sabiduría espiritual interviene. Un cristiano maduro ha adquirido durante su proceso sabiduría, lo cual demostrará con su buena conducta. (Santiago 3:13). Ahora bien, debemos entender desde la perspectiva del apóstol, que además de existir la sabiduría espiritual la cual emana de Dios hay otra "sabiduría" la cual va en contra del creador. Tal "sabiduría", es malévola, ya que denigra la identidad espiritual del hombre. Para analizar mejor este tema veamos algunos contrastes entre ambas sabidurías.

♣CONTRASTE EN EL ORIGEN

La verdadera sabiduría emana desde lo alto, no obstante (Santiago 3:15a). La falsa sabiduría proviene de la tierra (Santiago 3:15b). La primera desciende de Dios y la segunda de la naturaleza pecaminosa del ser humano caído. Esta última, por el hecho de no ser consistente, está destinada a fracasar ya que es inútil para la salvación, sin embargo, hoy en día es popular entre la sociedad y temo que aún entre algunos en la Iglesia. La Biblia, contiene numerosos ejemplos de la caída de la sabiduría humana: La Torre de Babel, parecía ser una empresa muy sabia; pero terminó en fracaso y confusión al no incluir a Dios entre sus planes (Génesis 11:1-9) Parecía ser sabio que Abraham fuese a Egipto durante el periodo de hambre en Canaán, pero el resultado nos habla de algo muy distinto (Génesis 12:10-20). El guerrero rey Saúl, pensó que era sabio y razonable ponerle su armadura al pequeño David para la batalla contra Goliat, no obstante, Dios tenía otra manera de ganar esa victoria. (1 Samuel 17:38) Los discípulos pensaron que era sabio despedir a la multitud que se había juntado, al ver en ellos la necesidad de alimentos, sin embargo, Jesús tenía otro plan. Bastó con que orara por un escueto lonche de cinco panes y pocos peces, para alimentar a más de cinco mil personas. (San Juan 6:1-14) El piloto y el jefe de la nave según el relato de Hechos 27, pensaron que era sabio dejar el puerto y salir a navegar hacia Roma, sin embargo Pablo estuvo en desacuerdo, y la tormenta que les alcanzó en altamar, solo evidenció la sabiduría de Pablo muy superior ante los "expertos" en navegación. ¿Cuál es el origen de la sabiduría humana? El versículo 15 en cuestión, nos ilumina al declarar: *"...porque esta sabiduría no es la que desciende de lo alto, sino terrenal, animal, diabólica."* El creyente tiene tres enemigos a vencer: El mundo, la carne y el diablo (Efesios 2:1-3).

Si bien es cierto que hay una "sabiduría del mundo" (1 Corintios 1:20-21) no debemos confundir con el "conocimiento del mundo". El conocimiento, al ser la materia prima de la ciencia y los avances tecnológicos son de eficaz ayuda en nuestra vida al beneficiarnos de ello. Creo en el conocimiento científico pero nunca podre estar de acuerdo con la sabiduría del mundo. El mundo por su sabiduría no llega a conocer a Dios, al contrario, por su sabiduría rechaza el evangelio del Todopoderoso. El apóstol Pablo fue muy puntual al decir: *"Porque la palabra de la cruz es locura a los que se pierden; pero a los que se salvan, esto es, a nosotros, es poder de Dios"* (1 Corintios 1:18). Los dos primeros capítulos de 1 de Corintios son fascinantes para apreciar lo controvertido de ambas sabidurías. Por un lado la sabiduría del hombre es locura para Dios (1 Corintios 1:20) mientras por otro, la sabiduría de Dios es locura para el hombre caído (1 Corintios 2:14). La sabiduría humana fluye desde la razón mientras que la sabiduría divina proviene de la revelación. La sabiduría del mundo al ser vana tiende a ser como nada (1 Corintios 1:19) mientras que la sabiduría celestial permanecerá para siempre. La Biblia puntualiza con exactitud: *"El temor de Jehová es el principio de la sabiduría, Y el conocimiento del Santísimo es la inteligencia."* (Proverbios 9:10).

Santiago enseña que la falsa sabiduría tiene otros orígenes. Primero, es "animal" (desde la traducción original evoca el término sensual o natural) El vocablo griego usado por el apóstol es: "psukicos", la cual emana de la raíz: "psuke", que significa vida o alma. En la fonética inglesa, se tomó esta palabra para componer "psychology" lo que en castellano diríamos psicología. En 1 Corintios 2:14 y 15:44-46, "pskicos" es traducida "natural", refiriéndose a lo que es opuesto a lo espiritual. Mientras que en Judas 19 se interpreta como "sensual". De aquí, que la naturaleza pecaminosa del hombre siempre esté en discordia con la naturaleza divina del creador. Sí, la sabiduría mundana que se centra en la naturaleza humana, está totalmente separada del Espíritu de Dios. En segundo lugar, tal sabiduría también es diabólica. Citando el conocido episodio donde Satanás, la serpiente antigua, engaña con astucia a Eva; podemos encontrar a la sabiduría malévola operando siempre contra la sabiduría de Dios. El adversario, la convenció que al comer del fruto prohibido, podría llegar a ser "igual a Dios" en tal sabiduría. Desde ese instante, la raza humana sigue creyendo las mentiras perversas del enemigo, tratando se ser dioses en sus propias sabidurías. Satanás es un engañador y el truco de la antigua serpiente, aun le sigue dando resultado en las mentes confundidas, cuando la luz de Jesucristo aún no les ha iluminado.

En contraste con la sabiduría mundana, la cual es: "terrenal, sensual y diabólica". El apóstol Santiago nos describe una sabiduría espiritual que desciende de lo alto, recordemos que: *"Toda buena dádiva y todo don perfecto desciende de lo alto, del Padre de las luces, en el cual no hay mudanza, ni sombra de variación."* (Santiago 1:17) El cristiano maduro no mira hacia su alrededor esperando recibir una respuesta, él sabe poner su mirada en las cosas de arriba, ve más alto que el resto de los mortales, pues sabe que su ayuda desciende desde las alturas. De acuerdo a las Sagradas Escrituras, el cristiano es un ciudadano celestial (Filipenses 3:20). Así como los tesoros del Padre están en el cielo, los tesoros de sus seguidores están allá y no en la tierra. (Mateo 6:19-) Usted ha nacido de arriba (Juan 3:1-7) y su esperanza también está arriba (San Juan 14:1-6), por lo tanto como cristiano, coloca todas sus motivaciones y atenciones solo en las cosas celestiales (Colosenses 3:1-4). ¿Puede entonces tomar su sabiduría de los filósofos de este mundo? ¡Nunca! Jesucristo es su sabiduría (1 Corintios 1:24 y

30) Es sólo en Cristo Jesús donde están escondidos todos los tesoros, la sabiduría y el conocimiento verdadero (Colosenses 2:3), entonces aquí convenimos en que el primer paso para una correcta sabiduría espiritual, es recibir a Cristo como su salvador personal. La palabra de Dios es una fuente de sabiduría: *"Mirad, yo os he enseñado estatutos y decretos, como Jehová mi Dios me mandó, para que hagáis así en medio de la tierra en la cual entráis para tomar posesión de ella. Guardadlos, pues, y ponedlos por obra; porque esta es vuestra sabiduría y vuestra inteligencia ante los ojos de los pueblos, los cuales oirán todos estos estatutos, y dirán: Ciertamente pueblo sabio y entendido, nación grande es esta."* (Deuteronomio 4:5-6) Las Sagradas Escrituras, tienen la capacidad de llevarnos al conocimiento de la salvación (2 Timoteo 3:15). Además, Santiago nos indica que en la oración podemos adquirir sabiduría *"Y si alguno de vosotros tiene falta de sabiduría, pídala a Dios, el cual da a todos abundantemente y sin reproche, y le será dada."* (Santiago 1:5) El Espíritu Santo nos dirige en revelación (Efesios 1:17) para poder confiar en la palabra divina y orar, conociendo así cada vez más a Dios. No erremos: El origen de la sabiduría espiritual es Dios. El tomar nuestra sabiduría de cualquier otro medio es buscarnos caóticos problemas, toda vez que la sabiduría mundana apela a las obras de la carne, la sensualidad y al diablo; no puede traer nada bueno consigo. ¡Hoy más que nunca es importante que tu sabiduría solo provenga de Dios!

♣CONTRASTE EN OPERACIONES

Ambas sabidurías, al fluir de vertientes tan distintas operan radicalmente de diferentes maneras. ¿Qué evidencia a la falsa sabiduría mundana? ¡La envidia! (Santiago 3:14) Envidia como vocablo surge de una transliteración de "celos amargos". Mis amigos, ¿No es cierto que aún hay sabiduría terrenal entre el pueblo de Dios? Los primeros discípulos argüían entre, quiénes de ellos serían los "favoritos". Los fariseos constantemente la usaban para promoverse entre los demás, considerándose superiores. (Mateo 6:1-18). Como cristianos maduros, debemos reconocer lo que pertenece a nuestro Señor y la exaltación no es de nuestras pertenencias. La sabiduría de este mundo, exalta al ser humano, robándole a Dios la adoración (Romanos 1:21).Sin embargo, el apóstol Pablo puntualiza al decir: *"a fin de que nadie se jacte en su presencia."* (1 Corintios 1:29) Analicemos: ¿Se goza con aquellos que hacen algo por Dios o secretamente tiene envidia y les critica? ¿Cuándo ve a un cristiano fracasar y caer, es motivo de tristeza o alegría en su vida? Estimado amigo: ¿Por qué somos dados a juzgar y criticar muchas veces "lo que no compartimos"? ¿Será que hay algo de envidia en el corazón? Cuando la sabiduría terrenal hace presa de una congregación, se compite con rivalidades entre quién es "el mejor", existe una sobre promoción de la carne y glorificación humana. Tengamos cuidado con ello, ya que una feligresía tal es necia, al carecer de la sabiduría que proviene de Dios. Cuando la semilla de la envidia ha germinado, da lugar a nuestra siguiente evidencia.

La Contención. El término "Contención" (Santiago 3:14) significa literalmente: ánimo de parcialidad y dicho vocablo era utilizado por los griegos, para describir al audaz político, que busca votos entre un pueblo determinado. La sabiduría del mundo te hace preguntar: De entre los feligreses de la congregación ¿Quién está conmigo? Y ¿Cuántos están contra mí? Tal cuestión solo provoca rivalidad de mi parte hacia los congregantes. ¿No es cierto que en la iglesia actual existan los grupitos de la hermana "tal" o del hermano "fulanito"? Una persona que busca contender, evidencia la inmadurez y su ineptitud para portar la honra de la gloria de Dios. La Biblia es muy clara en esto para que no erremos: *"Nada hagáis por contienda o por vanagloria; antes bien con humildad, estimando cada uno a los demás como superiores a él mismo;"* (Filipenses 2:3).

Por último, entre las operaciones de la sabiduría mundana encontramos "el mentir contra la verdad". La mentira emanando desde Satanás, envuelve al hombre en un mundo fantasioso, haciéndole creer que "todo está bien", que es pleno a base de su esfuerzo y que no está mal fundar su mérito en su propia exaltación ¡Que aberrante falacia! *"Porque no nos atrevemos a contarnos ni a compararnos con algunos que se alaban a sí mismos; pero ellos, midiéndose a sí mismos por sí mismos, y comparándose consigo mismos, no son juiciosos."* (2 Corintios 10:12) Cuando nos desarrollamos en base de la sabiduría de Dios, muy por el contrario, nos mantenemos en un sentido de mansedumbre y humildad. Reconocemos que es de Dios TODA LA GLORIA, LA HONRA Y EL HONOR. No nos permitimos compararnos con nadie, ni aun con otros cristianos o ministerios. Las trivialidades discordantes, pierden valor al acercarnos más a Cristo, ya que solo Dios, ocupando toda nuestra atención, cobra mayor relevancia que cualquier envidia, contienda o mentira que quiera infectar nuestra relación con Él.

Ahora bien, una vez analizados los factores evidentes de una sabiduría terrenal. ¿Qué factores revelan la sabiduría divina? ¡La mansedumbre! (Santiago 3:13). La mansedumbre: es poder bajo el absoluto control, al no ser debilidad, como ocurre con la violencia, o en una violencia contra sí mismo, y que contrarresta la erupción del volcán de la ira, la cual nos deja sin control a expensas de los alfilerazos, maltratos, e insultos. La persona mansa como busca agradar a Dios, sus emociones le están sujetas al Todopoderoso. La mansedumbre es un fruto del Espíritu Santo (Gálatas 5:23). La frase "sabia mansedumbre" escrita por Santiago es interesante. Recordemos: la mansedumbre es el uso correcto del poder y la sabiduría el correcto uso del conocimiento; así que las dos van muy unidas. El cristiano que se ha condecorado con esta insignia, al ser sabio, lo demuestra en su manera de ser, es decir, su actitud y sus acciones siempre van juntas.

Hay más: *"Pero la sabiduría que es de lo alto es primeramente pura, después pacífica, amable, benigna, llena de misericordia y de buenos frutos, sin incertidumbre ni hipocresía."* (Santiago 3:17) Al referirnos al término pureza, nos indica la importancia de la Santidad. Si Dios es santo, consecuentemente su sabiduría es pura, es decir, limpia de toda contaminación. Mientras que la sabiduría terrenal enturbia el corazón humano, es la sabiduría celestial, quien le ayuda a mantenerse en un estado óptimo de pureza. Dicho estado es revelado por la calidad en la relación de intimidad con el Señor, al llevar una vida de oración.

Otro vocablo sobresaliente es paz. La sabiduría humana siempre nos llevará a competir con rivalidades que terminan en contiendas, enemistades y conflictos guerrilleros entre nuestros semejantes, no obstante, la sabiduría de Dios, solo genera paz en el corazón, la cual se ve reflejada en nuestra actitud. La paz de la congregación, no es más importante que la pureza, sin embargo, la santidad de la iglesia trae consigo paz. *"Y el efecto de la justicia será paz; y la labor de la justicia, reposo y seguridad para siempre. Y mi pueblo habitará en morada de paz, en habitaciones seguras, y en recreos de reposo."* (Isaías 32:17-18). La iglesia carecerá de paz al tratar de ocultar el pecado o pretendiendo que no existe. La sabiduría del hombre dice: "cubre el pecado y mantengamos las cosas como que no pasa nada, que no se hable de ese asunto" cuando la sabiduría de Dios puntualiza: "confesad vuestros pecados"(Proverbios 28:13).

La palabra Amable, se dice de una persona quien "por su actitud afable, complaciente y afectuosa es digna de ser amada". Encierra algunos ingredientes básicos como el afecto, la alegría, la confianza, aceptación de los demás, etc. Amable es ser gentil, sin ser débil. El cristiano maduro, no causa peleas y se mantiene en su conducta lo más alejado de ellas. Carl Sandburg describe a Abraham Lincoln como un hombre de acero con vestido de seda, qué mejor descripción para un cristiano con madurez espiritual.

La sabiduría celestial es benigna, lo cual es representado cuando el creyente con facilidad puede llevarse bien con los demás. La sabiduría terrenal, hace que el individuo no razone y se centre en sí mismo bajo su necedad, sin embargo, el benigno ESCUCHA a los demás, sin comprometer sus convicciones. Puede estar en desacuerdo con aquello que no es verdad, pero no hará de ello un problema mayúsculo, ya que como reitero que Dios es lo que más importa en su vida, las banalidades dejan de tener sentido y las rencillas no son más que futilidades. El cristiano maduro benigno, pone en práctica constante Santiago 1:19 y 20. *"Por esto, mis amados hermanos, todo hombre sea pronto para oír, tardo para hablar, tardo para airarse; 1:20 porque la ira del hombre no obra la justicia de Dios."* Permítame preguntarle: ¿Sabe usted escuchar a los demás o es de los que se exalta en ira rápidamente? ¡Auch!

Vamos ahora a la frase: "llena de misericordia". Cuando decimos llenos, nos referimos al ser controlado por aquello de lo cual abunda, en este caso concreto, la persona que tiene la sabiduría de Dios está controlada por la misericordia. Jesús enseñó: *"Sed, pues, misericordiosos, como también vuestro Padre es misericordioso."* (Lucas 6.36) La gracia de Dios nos imparte su salvación, cuando merecíamos el juicio, esto es misericordia. La parábola del Buen Samaritano una vez más, es tema de análisis, al explicarnos esta loable virtud desde una perspectiva nítida y eficaz. Lucas 10:25-37 nos enseña que el oriundo de Samaria fue movido a misericordia con aquel que según las costumbres sociales no debería tener. La víctima no podía pagarle nada, pues se encontraba insuficiente y casi moribundo, por otro lado, el samaritano no ganaba nada físicamente, excepto la bendición de Dios. Sin embargo, aun así le ayudó. Tal actitud no puede ser otra cosa más que misericordia.

Ahora viene la frase: "buenos frutos". Los cristianos maduros no están sin fruto, ya que la sabiduría de Dios no les permite ser estériles y vacíos. La enseñanza del maestro en San Juan 15:1-16 es una realidad tangible. *"Todo pámpano que en mí no lleva fruto, lo quitará; y todo aquel que lleva fruto, lo limpiará, para que lleve más fruto."* (San Juan 15:2) Solo hay dos tipos de árboles en el plantío de Dios. Los que llevamos fruto y los que solo inutilizan la tierra al ser infructíferos. Los primeros somos purificados constantemente a través de la palabra divina; los segundos simplemente no permanecen para siempre ya que son quitados. ¿De cuál grupo es usted? Nuestro frutos (la forma) solo revelan la calidad de nuestra sabiduría (el fondo). Por último, encontramos la palabra "Sin incertidumbre o hipocresía". ¡Directo y conciso! La sinceridad es quitarse las máscaras y los disfraces. Es franqueza y hablar con la verdad al ser pariente de la honestidad y la honradez. Cuando la sabiduría terrenal actúa en el corazón, esta le engaña por completo pretendiéndole hacer creer alguien, que en realidad no es. Y esto, así como existen personas con problemas mentales en cuanto a su personalidad, en muchas congregaciones, existen los cristinitos de trastornos espirituales. Viven engañados, creyéndose y "tratando de hacer creer" a los demás que son "espirituales", divulgando muchas veces sus grandes cantidades de oración o publicando por las redes sociales sus ayunos para ganarse admiración, sin embargo, lo único que hacen es ser deshonestos consigo mismo. *"No os engañéis; Dios no puede ser burlado: pues todo lo que el hombre sembrare, eso también segará".* (Gálatas 6:7) No existe nada mejor que ser transparentes hacia todos, sin engaños, sin apariencias. Amigo, ¡Quítate la máscara ya!

Hasta aquí hemos apreciado que en realidad, existe un gran contraste entre ambas sabidurías en sus operaciones. La iglesia actual, debe evaluar su propio estilo de vida y sus propios ministerios a la luz de lo que Santiago escribe. ¡Necesitamos con urgencia un escaneo espiritual! La congregación no puede depender de la genialidad de sus líderes, ni bajo la influencia de los movimientos seculares. Es necesario permitir que Dios actúe siendo el protagonista de todo nuestro entorno, y allí, anulando la influencia de la sabiduría terrenal, veremos la gloria de Dios, con la sabiduría qué solo desciende de lo alto.

♣CONTRASTE EN LOS RESULTADOS

El origen de todas las cosas, determina el destino de las mismas. Mientras la sabiduría diabólica produce resultados mundanos, la sabiduría celestial solo producirá resultados espirituales. *"Porque donde hay celos y contención, allí hay perturbación y toda obra perversa."* (Santiago 3:16) La sabiduría terrenal solo genera dividendos de dificultades. El vocablo "perturbación", significa la confusión en el desorden generado a partir de la inestabilidad. Lo cual está estrechamente relacionado con la palabra "doble ánimo" (Santiago 1:8) de la que ya hablamos en los primeros capítulos de este libro. Los celos y la rivalidad, al provenir de un espíritu de parcialidad contribuyen a una mayor confusión. Ya hemos analizado la famosa torre de Babel de Génesis 11. Desde la perspectiva humana, era un proyecto loable y de éxito prometedor, no obstante, desde el punto de vista divino era necio y pecador. ¿Cuál fue el resultado? ¡Confusión! Cuando tal factor está presente lo que sigue es que el proyecto sea "una obra perversa", es decir, obras que terminan de manera vana y corrupta en lo cual atinadamente el apóstol Pablo reflexionó: *"Y si sobre este fundamento alguno edificare oro, plata, piedras preciosas, madera, heno, hojarasca, la obra de cada uno se hará manifiesta; porque el día la declarará, pues por el fuego será revelada; y la obra de cada uno cuál sea, el fuego la probará. Si permaneciere la obra de alguno que sobreedificó, recibirá recompensa. Si la obra de alguno se quemare, él sufrirá pérdida, si bien él mismo será salvo, aunque así como por fuego".* (1 Corintios 3:12-15)

Lo más inteligente que podemos hacer, es medir nuestro ministerio con la palabra de Dios y nunca con las filosofías de los hombres. Los pleitos en las congregaciones, las divisiones, las críticas, chismes y murmuraciones, la falta de paz y comunión, así como la ausencia de santidad, nos sugestionan que algo no anda bien. Creo fehacientemente, que ese "algo" es la falta de la sabiduría de Dios.

Ahora, la sabiduría divina produce bendición, (Santiago 3:18) y una vez, insistentemente es remarcada la palabra "fruto". La vida cristiana es muy semejante al oficio del sembrador, plantando y cosechando. El hijo de Dios planta la justicia no el pecado, planta la paz nunca la guerra, cultiva el amor mientras desarraiga el odio. "Somos lo que vivimos y lo que vivimos eso somos" Lo que plantas determinará lo que estés a punto de cosechar. Si comienzas a plantar bajo la sabiduría de Dios ¡Uff, prepárate, porque tu bendición viene! Si has plantado bajo la sabiduría humana ¿No crees que sea justo que coseches lo que no quieres cosechar?, sin embargo, es lo que has estado produciendo ¡Entonces no te quejes! Dicho sea de paso: Recuerda que plantar discordia entre los hermanos, es algo que Dios aborrece tajantemente, por lo tanto detente y no lo hagas. (Proverbios 6:16-19) Hoy es el tiempo que te condecores con la Insignia de la Sabiduría y a cada instante: ¡Se sabio!

♣PARA REFLEXIONAR

¿Qué sabiduría ha estado utilizando para definir su vida? ¿Piensa que todo gira a su alrededor o se centra en girar alrededor de Dios poniéndolo en el centro de su vida? ¿Cómo practica el ser sabio? ¿Qué resultados ha obtenido?

♣VERSICULO A DISCUSIÓN

Proverbios 3:13-14 "Bienaventurado el hombre que halla la sabiduría, Y que obtiene la inteligencia; Porque su ganancia es mejor que la ganancia de la plata, Y sus frutos más que el oro fino."

♣FRASE PARA PENSAR

"No es sabio el que sabe dónde está el tesoro, sino el que trabaja y lo saca."

Francisco de Quevedo

9. "más que vencedor"
La insignia de la paz

La guerra nunca ha resuelto problema alguno, pero los ha planteado todos. La guerra jamás ha creado cosa alguna, sin embargo, lo ha destruido todo. La guerra nunca ha fundado pueblo alguno, pero lo ha arrasado todo. A dondequiera que volvamos la vista, es la fuerza la que impera. El terrorismo desatado en sus formas más violentas y en sus actitudes, las más retardatarias, es algo verdaderamente desalentador y lúgubre para la humanidad. Las guerras, son un hecho real en la vida a pesar de los tratados que los hombres firman a favor de la paz. No sólo encontramos guerras entre las naciones, sino que también existen en cada aspecto de la vida. El insigne Santiago, nos ilustra con precisión en esta sección de las Escrituras, este tema tan importante para quien ha decidido comenzar su desarrollo hacia una madurez espiritual. Se nos explica con detalle, que existen tres clases de guerras que se desarrollan en el mundo, pero además de ello, nos da los algoritmos necesarios de como terminarlas, obteniendo así la victoria hacia la insignia de paz que nos pertenece.

♣GUERRAS ENTRE CRISTIANOS

En primer lugar, encontramos la guerra entre los cristianos al acentuarnos "*¿De dónde vienen las guerras y los pleitos entre vosotros? ¿No es de vuestras pasiones, las cuales combaten en vuestros miembros?*" (Santiago 4:1) Al observar con entendimiento el Salmo 133:1-3, seguramente todos tenemos en mente que los creyentes: los santos hijos de Dios y portadores de una gracia inmerecida; viven en amor y dentro de una perfecta armonía cristiana, pero desafortunada y lamentablemente; la mayoría de las veces no ocurre así. Aún en las Sagradas Escrituras, encontramos que Lot se enojó y contendió con Abraham (Génesis 13). Absalón creo toda una terrible guerra y una fuerte conspiración contra su padre David para tomar su trono(2 Samuel 13-18), y además los discípulos crearon problemas entre ellos, al argumentar quien sería el más grande en el reino de los cielos (Lucas 9:46-48). Cuando observamos la iglesia primitiva nos damos cuenta que en ella también había vastos conflictos, los miembros de la insigne congregación de los Corintios, competían en acentuados altercados entre ellos aún en los lugares públicos, demandándose desvergonzadamente en la corte el uno al otro. (1 corintios 6:1-8; 14:23-40) Los creyentes de Galacia, se devoraban escarnecidamente entre ellos, fruto sus constantes rivalidades, Pablo tiene que amonestar a la iglesia de Éfeso, para que cultive un espíritu de unidad (Efesios 4:1-16) y aún su iglesia ilustre y amada de Filipo, no escapaba de tener problemas al tenor de esta naturaleza, dos mujeres que no se llevaban bien, estaban enardecidamente en guerra la una contra la otra (Filipenses 4:1-3). ¿Cómo es que llegan a originarse los pleitos y conflictos entre los cristianos?

Hay una guerra causada por las clases sociales, ésta es tan conocida y común como la del rico y el pobre, como la burguesía y los plebeyos. El hombre adinerado llama la atención, al ser enfocado en los reflectores mientras que el carente es ignorado y poco comprendido. Cuando el rico es honrado con finas atenciones, para el pobre no hay más que desgracias, trabas y hasta cierto punto un irracional desprecio. Qué trágico y nefasto es, cuando la iglesia local tiene los valores confundidos e ignorando al verdadero rico, honran al que realmente no lo es. Si el compañerismo y la comunión de la feligresía se basan en el estado económico del individuo, podemos decir que la tal ha perdido o desconoce la voluntad de Dios, ya que al Señor no le impresionan las riquezas humanas, como lo puede ser para el hombre. Además existen las Guerras laborales. ¿Cuántas veces hemos escuchado en algunos de la congregación: "Yo siempre trabajo y por qué los demás no"? siempre hay un grupito así. Mis amigos, las rivalidades en la feligresía desaparecen, cuando aprendemos a servir en equipo; sabiendo que cada una de las actividades que hagamos, es para el Señor y solamente de Él obtendremos nuestra recompensa. (1 Corintios 15:58) Muchos creyentes judío cristianos que trabajaban en ese entonces, no tenían el salario que les correspondía o no se les pagaba de acuerdo a los que habían trabajado, generando así conflictos. Hoy en día a pesar de las legislaciones y los avances tecnológicos, seguimos experimentando las mismas guerras sociales, pues esta guerra se origina en el corazón del hombre, el cual es resbaladizo e incongruente a las normas divinas (Jeremías 17:9).

Al parecer, los creyentes, a quienes Santiago escribe la Epístola, estaban en guerra sobre su posición en la Iglesia. Muchos anhelaban ser reconocidos en los puestos de maestros y líderes de la misma. Cuando estudiaban la palabra de Dios, el resultado no era la edificación personal, sino argumentos y problemas apologéticos. Cada individuo pensaba que sus ideologías eran las correctas y su manera de pensar era la única acertada. Aprendemos de ellos que cuando tenemos ambiciones desmedidas de egolatría, no nos sometemos a la humildad personal que las Escrituras nos demandan y nos olvidamos que Dios no llamó a nadie a ser jefes, sino a servirle a Él y así también al pueblo. En una ocasión escuché referirse de un ministro a otro como "el gran siervo de Dios" y pensé sí es grande, no es siervo y si es siervo; no es grande. Medítelo en lo profundo de su corazón. Ahora bien las guerras personales: había cristianitos en la congregación, que hablaban mal de sus prójimos y aún se juzgaban entre ellos. Recordemos que en todo momento el cristiano maduro debe hablar la verdad en amor, (Efesios 4:15) por ningún motivo se debe hablar mal de alguien envenenando a los demás con rivalidad y criticismo. Si la verdad acerca de un hermano va a causar problemas, debemos cubrirla con amor sin repetirla a otros. (1 Pedro 4:8) y si en realidad es que el tal ha pecado, debemos restaurarle personalmente tratándolo de ganar y sacándolo del pecado (Mateo 18:15-19; Gálatas 6:1-2) el apóstol es muy puntual al decirnos, que no debemos utilizar la discriminación evaluando a aquellos que nos rodean, como si fuésemos superiores. El cristiano maduro tiene discernimiento personal (Filipenses 1:9-10) y siempre se detendrá al juzgar a otros, sabe que no es un dios. Muy por el contrario, examina con cuidado primero su vida y luego trata de ayudar a aquellos que necesitan corregir algo en la suya. El maestro enseñando con asertividad decía: *"¿Por qué miras la paja que está en el ojo de tu hermano, y no echas de ver la viga que está en tu propio ojo? ¿O cómo puedes decir a tu hermano: Hermano, déjame sacar la paja que está en tu ojo, no mirando tú la viga que está en el ojo tuyo? Hipócrita, saca primero la viga de tu propio ojo, y entonces verás bien para sacar la paja que está en el ojo de tu hermano"* (Lucas 6:41-42)

Jugar a los detectives para emitir un juicio, es demasiado neblinoso y hasta abstracto, tanto que ello no te corresponde, seguramente nunca conocerás la verdad cierta acerca de todos los hechos de un asunto, por más diligencias que hagas. Ya que no está en ti, conocer las motivaciones que se originan en el corazón del hombre, presunto culpable. Juzgar sobre la base de una evidencia parcial y generalmente, sobre la probabilidad, es tan delicado ya que al actuar así es pecar contra Dios, el cual nos ha unido. Apréndelo bien: no eres juez, ese puesto está ocupado por el soberano Dios; no intentes usurparlo, porque seguramente no le ganarás y las consecuencias a tu vida serán caóticas y nefastas. Los juicios de Dios son justos y santos, debes aprender a dejarle ese lugar a Él.

Es por demás lamentable, que nos encontremos en guerra unos a otros, un pastor contra otro, un ministerio contra otro semejante, una congregación que no danza, contra la que adora explosivamente. Hacemos el ridículo ante el mundo, cuando ve que nos odiamos, sin poder comprender el amor que se supone debe correr por nuestras venas. Al observar con detenimiento el ministerio de Cristo, nos damos cuenta de la única oración de Jesús que aún no ha sido contestada (Juan 17:21), la perfecta unidad entre el cuerpo de Cristo. ¿Por qué los hijos de Dios estamos en guerra, si pertenecemos a la misma familia espiritual? Confiamos en el mismo Salvador, nos dirige el mismo Espíritu Santo, y nos cubrimos bajo una misma gracia y fe. ¿Por qué? El apóstol, como sí escuchase mis más internas interrogantes, responde el origen de las guerras en las que nos devoramos unos a otros.

✤GUERRAS CON NOSOTROS MISMOS

"¿No es de vuestras pasiones, las cuales combaten en vuestros miembros?" (Santiago 4:1b) La explicación sobre el fondo-forma que he venido ilustrando desde los capítulos anteriores, una vez más cobra un sentido relevante. Todo inicia en el fondo, en lo que no se ve, en el corazón del hombre. La guerra que existe en el corazón, se ve reflejada en las relaciones intrapersonales y por ende en la unidad de la congregación, *"Pero si tenéis celos amargos y contención en vuestro corazón, no os jactéis, ni mintáis contra la verdad; porque esta sabiduría no es la que desciende de lo alto, sino terrenal, animal, diabólica. Porque donde hay celos y contención, allí hay perturbación y toda obra perversa".* (Santiago 3:14-16) La esencia del pecado es y siempre será la centralización personal, ¡Allí está el problema! Eva desobedeció, porque al comer el fruto, engañada por la Serpiente, creía que podía ser igual a Dios. Abraham mintió acerca de Sara su esposa, pues pensaba en proteger su propia vida (Génesis 12:10-20) Acán causo la derrota de toda la nación de Israel frente a Hai, todo por la codicia de tomar algo del botín, para sus intereses personales lo cual estaba prohibido. (Josué 7).

Muchas veces, justificamos nuestras guerras entre los hermanos bajo la bandera de la "espiritualidad". Somos cómo Aarón y María que se quejaron de la esposa de Moisés, pero realmente en su corazón ardía la envidia de la autoridad, que el siervo de Dios poseía. (Números 12) o a veces nos asemejamos a Santiago y Juan que pidieron un lugar especial en el reino, queriendo también ese reconocimiento egocéntrico (Marcos 10:35-45) en ambas instancias, el resultado de ser ególatras, es la división y la pérdida de bendiciones entre el pueblo de Dios. El pecado de María, produjo un severo retraso al progreso de Israel por una semana. Ser egocéntricos es peligroso, tanto que nos somnolienta en una vida de fantasía llevándonos a cometer acciones equivocadas de las que irracionalmente no nos damos cuenta. (Santiago 4:2-3) Mi amigo, nuestras oraciones son erróneas al centrarnos sólo en nosotros mismos y si oramos mal, todo en la vida anda mal. El propósito de orar, no es llevar al cielo la voluntad del hombre, sino tomar la voluntad de Dios, la cual ejecutará el hombre.

Las personas que son rencillosas, son generalmente egocéntricas, además de ser constantemente infelices. Nunca se gozan de nada en la vida, todo les cae mal y hasta cierto grado están amargados. En lugar de agradecer las bendiciones, se quejan por aquellas que no tienen, nunca pueden llevarse bien con otros, pues siempre están envidiando lo de los demás; tienden a esconder dentro de sus oraciones formales, el verdadero deseo pecaminoso de su corazón. En lugar de buscar la dirección y la voluntad del creador, le decimos lo que suponemos que tiene que hacer con nosotros y se produce cierta agonía, cuando vemos que Dios no responde a nuestros desequilibrados caprichos, y la ira que sentimos la vertimos generalmente sobre los que nos rodean. Más de una congregación se ha dividido, a causa de que alguno se encuentra frustrado frente a Dios. Muchos conflictos se solucionarían, si en vez de mirar a otros, se observase en un espejo nuestro propio corazón. Dios nos llama a la unidad de la mente, de las emociones y de la voluntad. Cuando estamos desequilibrados en esta intrínseca unidad, nuestro entorno será caótico. Una persona con conflictos personales provocará guerras, donde quiera que se encuentre, evidenciando no más que inmadurez.

♣ GUERRA CON DIOS

Ahora bien, la raíz de toda guerra interna o externa, es un reflejo de la rebelión hacia Dios. Al principio de la creación nos encontramos con la descripción del capítulo 2 de Génesis, donde existía una armonía perfecta, sin embargo, el pecado que entró a raíz de la desobediencia del hombre causó un conflicto interno y externo en la vida del ser humano. ¿Cómo es que un cristiano puede declararle guerra a Dios? ¡Al convertirse amigo de los enemigos de Dios! Santiago menciona tres enemigos del creador, que es imperante dejar de fraternizar con ellos, si realmente queremos estar en paz con Dios.

a).-El mundo: Por el vocablo mundo entendemos el curso de la sociedad separada de Dios. Todo el sistema de nuestra sociedad es anticristiano y se encuentra en contra de Dios. Mientras Abraham fue amigo de Dios, Lot fue amigo del mundo. Lot terminó en guerras y fue Abraham quien vino a rescatarlo. El cristiano se envuelve con el mundo de una manera gradual, primero se desarrolla gradualmente, desde una sigilosa hasta una remarcada amistad; lo que resulta en ser manchados por el mundo (Santiago 1:27) de esta manera muchas áreas de nuestras vidas llegan a estar en conformidad con el mundo. La amistad con el mundo nos lleva a amar al mundo, lo que nos hace fácil conformarnos a los estándares del mundo (Romanos 12:2) el resultado es trágico y caótico, porque siguiendo esta línea de acción, nos damos cuenta de que seremos condenados con el mundo (1 Corintios 11:32) La amistad con el mundo es comparada en la Biblia con el adulterio. El creyente está casado con Cristo (Romanos 7:4) y debe serle fiel a Él. Los judío—cristianos que leyeron esta carta comprendían a la perfección este cuadro del adulterio espiritual, pues habían leído a los profetas Ezequiel, Jeremías y Oseas que fueron usados para reprender al pueblo de Dios (Jeremías capítulos 1-5, Ezequiel 23 y Oseas capítulos 1-2). Adoptando una vida pecadora y de conformidad con las naciones del mundo estamos adorando a otros dioses, de la misma forma en que la nación judía cometió adultero contra Dios. El mundo está en enemistad con el Señor y quienquiera que sea amigo del mundo, definitivamente no puede ser amigo de Dios. El cristianito inmaduro, siente una viva atracción por los placeres pecaminosos que le enemistan del creador, en cambio, el cristiano fiel, sabe que ya no vive para agradar al mundo, por ello éste llega hasta aborrecerlo. En concreto ¿Qué proviene del mundo? La exhortación de Juan es muy puntual al respecto: *"No améis al mundo, ni las cosas que están en el mundo. Si alguno ama al mundo, el amor del Padre no está en él. Porque todo lo que hay en el mundo, los deseos de la carne, los deseos de los ojos, y la vanagloria de la vida, no proviene del Padre, sino del mundo. Y el mundo pasa, y sus deseos; pero el que hace la voluntad de Dios permanece para siempre".* (1 Juan 2:15-17)

b) La carne: Por la carne Santiago se refiere a la vieja naturaleza que hemos heredado del primer Adán, que siempre está alerta para pecar. La carne no es el cuerpo, el cuerpo no es un pecador por definición, el cuerpo humano más bien es neutral. El espíritu puede usar nuestro cuerpo para glorificar a Dios o la carne puede usar nuestro cuerpo para hacernos siervos del pecado. Cuando el pecador recibe a Jesús como su Salvador, además recibe una naturaleza nueva dentro de él, pero la naturaleza vieja no es removida ni reformada, ¡Allí esta! por tal razón hay una batalla constante dentro del individuo. *"Digo, pues: Andad en el Espíritu, y no satisfagáis los deseos de la carne. Porque el deseo de la carne es contra el Espíritu, y el del Espíritu es contra la carne; y éstos se oponen entre sí, para que no hagáis lo que quisiereis.* (Gálatas 5:16-17) esta es la razón por la cual Santiago nos dice en el versículo 1 capítulo 4. *"¿No es de vuestras pasiones, las cuales combaten en vuestros miembros?"* Vivir bajo el absoluto dominio de la carne, significa contristar al Espíritu Santo, así como el mundo es enemigo de Dios Padre, la carne es el enemigo de Dios Espíritu. El espíritu de Dios dentro de nosotros, guarda nuestra relación con Dios. El espíritu es contristado cuando pecamos contra el amor de Dios. Cuando un cristiano vive para llevar placer a su vieja naturaleza o desarrollarla vive en guerra con Dios, con tanta razón Romanos 8:7 y 8 nos dice que la mente carnal está en enemistad con Dios. *"Por cuanto los designios de la carne son enemistad contra Dios; porque no se sujetan a la ley de Dios, ni tampoco pueden; y los que viven según la carne no pueden agradar a Dios".* El permitir que la carne tome control de la mente es perder la bendición de la comunión con Dios. Abraham tenía una mente espiritual, caminó con Dios y se gozó de la paz con Dios, no obstante, Lot tenía una mente carnal, y a raíz de su desobediencia a Dios, experimentó las guerras de su vida. En Romanos 8:6 se nos advierte: *"Porque el ocuparse de la carne es muerte, pero el ocuparse del Espíritu es vida y paz"* ¿Deseas paz en tu vida? Siendo sincero: ¿Te estas ocupando del espíritu o será que aun tienes cierta amistad con tu carne?

C) El diablo: Consideremos que el mundo está en conflicto con el Padre, la carne pelea contra el Espíritu, pero el diablo se opone al Hijo de Dios. El orgullo es uno de los pecados clave de Satanás y es una de las armas más usadas en contra de los hijos de Dios. Mientras el Señor desea que seamos humildes, Satanás quiere que seamos orgullosos. El apóstol Pablo acentúa acertadamente: *"...no un neófito, no sea que envaneciéndose caiga en la condenación del diablo."* (1 Timoteo 3:6) Dios quiere que dependamos de su gracia, mientras Satanás desea que dependamos de nosotros mismos. Él es el autor de la frase «tu puedes por ti mismo», se goza en inflar nuestro ego y se esfuerza en animarnos a hacer las cosas a nuestra propia manera. No obstante, Jesús nos presenta las advertencias acerca de los planes de Satanás. Pedro cayó en la trampa y sacó su espada tratando de hacer lo que considero la voluntad de Dios, a su propia manera y lo único que ganó fue hacer un titánico desastre.

Uno de los problemas más grandes de la iglesia actual, es que contamos con muchas celebridades y pocos siervos. Muchos de los que dicen servir a Dios llevan tanta gloria en sí mismos, que olvidan darle la gloria a Dios. Y es aquí donde debemos recordar, que el hombre no tiene nada en sí mismo para ser orgulloso, pues no hay nada bueno en él. (Romanos 7:18) Pero cuando confiamos en Cristo, Dios coloca de su gracia en nosotros, a fin de que seamos portadores de su Gloria y hace que tengamos habilidades para ser útiles en la sociedad y en su reino. (2 Timoteo 1:14) Considere entonces, que son tres enemigos los que específicamente buscan alejarnos de Dios: el mundo, la carne y el diablo. (Curioso es que muchas veces el cristiano inmaduro tiende a echarle la culpa al diablo de todo; ignorando distinguir si su problema tal vez sea con el mundo o con su carne) Estos enemigos constantemente están frente a nosotros, recordándonos nuestra vieja naturaleza (Efesios 2:1-3) Cristo nos ha librado de ellos, sin embargo continúan atacándonos. ¿Cómo podemos vencerlos? Santiago nos da las condiciones, si queremos gozar de paz en lugar de guerra.

♣ VICTORIA SOBRE ENMIGOS

A) SOMETERNOS A DIOS. El vocablo "someternos", es un término militar que significa aprender a manejar nuestra vida, dentro de un rango en el ejército. ¿Te das cuenta del por qué te dije al principio que Dios tiene un ejército de hombres y mujeres valientes y no una guardería infantil, donde los nenes berrinchudos se piquen los ojos unos a otros? Someternos a Dios en forma incondicional, tal y como un soldado a su general, es una evidencia fidedigna de un cristiano maduro. Si existen áreas en nuestras vidas protegidas por nosotros donde a Dios, aún no le dejemos tomar el control, estaremos en batalla y conflictos constantemente. Esto nos explica con claridad, el por qué aquellos cristianos que no son fieles, tienen problemas con Dios y con los demás. ¡Así se la vivió el cristianito inmaduro! Después de que el rey David cometió adulterio con Betsabé y mató a su esposo, siguió pecando por algún tiempo, originando una guerra constante entre él y Dios, guerra la cual David había declarado. Al leer los salmos 32 y 51 descubrimos el orgullo de David y como pagó por su orgullo al pelear contra Dios. Cuando finalmente decidió someterse a Dios, fue hasta entonces que experimentó la paz y el gozo. La SUMISIÓN mis amigos, es un acto de VOLUNTAD, no de sentimientos. Quizás ahora mismo, no estés sintiendo una atracción profunda a someterte a Dios, pues bien sabes que hay cosas en lo íntimo de tu corazón, que te agradan y alimentan tanto tu egolatría como tu placer aun sabiendo que ello, es el origen de todos tus problemas espirituales, que se ven reflejados en tu lúgubre entorno. Mi amigo, someterse a Dios no es una opción, es una DECISION. ¿Quieres disfrutar la paz de la victoriosa vida cristiana? ¡Es el tiempo de que el Espíritu Santo crezca en ti y que tú mengües!

B) ACERCARNOS A DIOS.- Cuando realmente te sometes a Dios, una evidencia tangible, es el anhelar estar cerca de Él, mientras que los cristianitos inmaduros, ignorantes de lo que significa "sumisión", siempre tendrán una excusa para no congregarse y hasta "huir" de la presencia de Dios, como todo unos Jonás. Sin embargo, ¿Cómo podemos acercarnos? ¡Confesando! "Acercaos a Dios, y él se acercará a vosotros. Pecadores, limpiad las manos; y vosotros los de doble ánimo, purificad vuestros corazones." (Santiago 4:8) Cuando tomamos la iniciativa de acercarnos y confesamos nuestro pecado, es allí que Dios nos limpia y purifica. ¿No crees que sea curioso que el cristiano inmaduro, además de ello, quiera que todo hagan por él y no es capaz de tomar su propia iniciativa? ¡Nenes espirituales! Si bien es cierto que la misericordia de Dios nos atrae buscándonos, debo decirte que ya lo hizo, al venir Jesucristo a la cruz para expiar nuestros pecados y presentarnos limpios ante el Señor (Lucas 19:10). ¿Sabes que el Padre del Hijo Pródigo jamás fue a buscar a su hijo a la ciudad, mientras se había ido de casa para derrochar su fortuna y experimentar sus placeres? No, no lo fue a buscar ¡Pero siempre estuvo allí, esperándolo con los brazos abiertos! Fue hasta que este hijo inmaduro "volvió en sí" (Lucas 15:17) que se dio cuenta de la mísera condición en la que se encontraba y DECIDIÓ así, acercarse a la casa de su Padre. No es el sol el que se aleja de la tierra, originando las estaciones y las diversas variedades del clima. El sol siempre estará en el mismo lugar, sin embargo, es la tierra la que al contar con un constante dinamismo de rotación y translación en sus ejes, origina los cambios volubles de clima durante las estaciones. Dios siempre ha estado en el mismo lugar y su poder no ha cambiado, sin embargo, cuando lo sientes distante ¡Es porque tú te has alejado! Abraham, al tener una cercanía con Dios, conversó sobre los problemas de Sodoma y Gomorra (Génesis 18) mientras que Lot se movió a Sodoma perdiendo así la bendición de Dios. Si bien, tuvo gracia por la misericordia de Dios y el clamor de Abraham soy reiterante en que no obtuvo bendición.

El consejo del sabio Salomón sobre nuestros corazones es más que atinado: *"Sobre toda cosa guardada, guarda tu corazón; Porque de él mana la vida."* (Proverbios 4:23) Más que ser el órgano principal del aparato circulatorio, bombeando la sangre a través de la sístole y diástole a todo nuestro cuerpo; Al corazón se le ha convertido en un icono de la pasión, los sentimientos y las actitudes. Un corazón sano espiritualmente, no solo hablara buenas cosas, sino que además será FIRME. Mis amigos, el ser volubles, maleables, y hasta bipolares, cambiando de parecer de un instante a otro, solo evidencia que el corazón está enfermo y contaminado. Un niño cambia de parecer demasiado rápido, al igual que el cristianito inmaduro. Santiago les llama "de doble ánimo", mostrándoles la necesidad de limpiar sus corazones. Temo que en la actualidad hay una vasta cantidad de cristianitos así. Mientras que en el plano físico, a quienes padecen trastornos de incongruencia mental y emocional, son intervenidos en hospitales de psiquiatría; en términos espirituales los mismos andan sueltos brincando de iglesia en iglesia. Un día hablan maravillas de su congragación y al otro no se detienen, ignorando el juicio, de hablar mal de la Iglesia de Cristo. ¡Nenes espirituales!, Casi con nada se les tienen contentos.

C) HUMILLARSE DELANTE DE DIOS.- *"Afligíos, y lamentad, y llorad. Vuestra risa se convierta en lloro, y vuestro gozo en tristeza. Humillaos delante del Señor, y él os exaltará."* (Santiago 4:9-10) En muchas ocasiones existe la factibilidad de acercarse a Dios, de una manera externa, solo en apariencias y no desde la perspectiva interna desde el corazón. La humildad es una virtud interna que se ve reflejada desde el fondo (el interior) a la forma (la actitud). El orgullo siempre será inaceptable ante la presencia del Señor, ya que Él lo aborrece (Proverbios 6:16-17) Muchos tienen la tendencia de tratar el pecado de una manera muy liviana. Algunos hasta bromean con este concepto evidenciando inmadurez. ¡Cuidado! Esto es serio: Las marcas de una verdadera humildad, es enfrentar con seriedad el pecado y limpiarlo, justificándonos en Jesucristo a través de la fe, arrepintiéndonos verdaderamente y no desobedeciendo más. El Salmista David decía: *"Los sacrificios de Dios son el espíritu quebrantado; Al corazón contrito y humillado no despreciarás tú, oh Dios"* (Salmo 51:17) Y el apóstol Pedro advierte: *"...revestíos de humildad; porque: Dios resiste a los soberbios, Y da gracia a los humildes. Humillaos, pues, bajo la poderosa mano de Dios, para que él os exalte cuando fuere tiempo; echando toda vuestra ansiedad sobre él, porque él tiene cuidado de vosotros."* (1 Pedro 5:5b-7) Ser humilde delante de Dios, es una decisión que nadie más hará por ti. Humildad es: cuando reconoces confesando el pecado, lloras sobre ellos y te alejas para no cometerlos más. (Isaías 62:2; Salmo 34:18)

Aquí pon mucha atención. Bastan estas tres condiciones correlacionadas, para obtener victoria: Sumisión a Dios, para derrotar al mundo. Acercarse a Dios, para vencer la carne y Humillarse a Dios para aniquilar al diablo de nuestras vidas. *"...resistid al diablo, y huirá de vosotros."* (Santiago 4:7). Me encanta hacer mía la frase que el pastor Dante Gebel suele decir: "Me la paso tanto tiempo con el Señor, que no tengo tiempo para pasármela con el enemigo". ¿Ahora entiendes por qué hoy en día muchos cristianitos inmaduros se la pasan de conflicto a guerra y de guerra a conflicto sin conocer al Príncipe de Paz? Cuando estamos llenos de Dios ya no hay espacio para nada inmundo, es decir, cuando tenemos fe, la duda viene y se tiene que ir, porque ya no cabe más. Si obedecemos fielmente ya no más estaremos en guerra con Dios, consecuentemente, tampoco con los demás y menos con nosotros mismos. Entonces Isaías 32:17 y 18 será una realidad evidente de una perfecta madurez cristiana. "Y *el efecto de la justicia será paz; y la labor de la justicia, reposo y seguridad para siempre. Y mi pueblo habitará en morada de paz, en habitaciones seguras, y en recreos de reposo."* ¡Que falacia de vida es vivir en guerras permanentemente! Yo creo que hay pruebas, Sí. ¡Pero también convincentemente creo, que Jesucristo nos da la victoria! Solo allí podremos disfrutar su paz. *"Y la paz de Dios, que sobrepasa todo entendimiento, guardará vuestros corazones y vuestros pensamientos en Cristo Jesús."* (Filipenses 4:7)

♣PARA REFLEXIONAR

¿Soy conflictivo creando guerras entre los demás? ¿En una discusión, trato de mantener la paz, cuidando mi integridad o me sacan rápidamente de mi juicio, hiriendo a los demás con mis palabras y actitudes? ¿Estoy capacitado para defenderme de los ataques del enemigo en la guerra espiritual? ¿Mantengo mi vida en paz conmigo mismo, con los demás y con Dios? ¿Qué hago por procurar la insignia de la paz?

♣VERSICULO A DISCUSIÓN

Mateo 5:9 "Bienaventurados los pacificadores, porque ellos serán llamados hijos de Dios."

Romanos 14:17-19 "Porque el reino de Dios no es comida ni bebida, sino justicia, paz y gozo en el Espíritu Santo. El que así sirve a Cristo, agrada a Dios y es aprobado por los hombres. Así que, sigamos lo que contribuye a la paz y a la mutua edificación"

♣FRASE PARA PENSAR

"Un corazón sano espiritualmente será FIRME evidenciando paz. El corazón enfermo es voluble, cambia de parecer rápidamente y de algo pequeño, crea grandes conflictos" Claudio Kzooky Rodriguez

10. "sumisión a su misión"
La insignia de la voluntad de Dios

Se dice que una buena mujer, al caer gravemente enferma, le preguntaron si quería morir o vivir, a lo cual contestó: -Lo que Dios quiera. -Pero -dijo uno de los presentes-, si Dios lo dejara a tu voluntad para decidir ¿qué escogerías? -Oh, si Dios me dejara a mí escoger, yo lo volvería a dejar a Él decidir, siempre su voluntad es perfecta.

El capítulo 4 de Santiago, inicia explicándonos de las guerras que puede tener el ser humano contra Dios y dicho capitulo culmina con el tema de la voluntad divina. Aparentemente ambos temas son distantes, sin embargo, observe con atención, que tienen un todo en común: cuando un creyente comienza a producir conflictos acumulando caos, al no ser un agente de paz a su alrededor, es porque seguramente el tal se ha alejado de la voluntad de Dios. Lot se movió al territorio de Sodoma, motivado por sus muy personales convicciones y consecuentemente, trajo dificultades a su familia. David al pecar en adulterio llevó tanto a su familia como al reino, a graves problemas. Jonás desobedeciendo a Dios y haciendo cínicamente su voluntad, casi envía a naufragar en la tormenta, un barco lleno de hombres y mujeres, que nada tenían que ver con su problema. La lista puede ser extensa pero basten tales ejemplos, para encontrar un común denominador en ellos: Una actitud equivocada frente a la voluntad de Dios.

Creo convincentemente, que Dios tiene un plan para cada una de nuestras vidas. Y aunque ésta premisa es fundamental en cada cristiano, en ocasiones cuesta asimilar ante la práctica, que llevamos intrínseco un propósito divino. Dios como sabio, conoce qué es lo que te sucede, lo que te sucederá y cuando va a pasar. En su atributo representativo como amor, Dios desea lo mejor para tí a cada instante y nunca querrá que algo te dañe. Muchos al mirar la voluntad de Dios, la vislumbran como una medicina amarga y sin sentido, que deben forzosamente tomar, en lugar de visualizarla como lo que realmente es: la Gracia de Dios en amor por sus vidas. A continuación, se nos describen tres actitudes hacia la voluntad de Dios, de las cuales las primeras dos son incorrectas y la última debiéramos alimentarla en nuestra práctica diaria. Ponte cómodo. ¡Comencemos!

✦ IGNORANDO LA VOLUNTAD DE DIOS

Al leer los versículos 13 y 14 del capítulo 4 de Santiago, podemos deducir, que el apóstol se dirige a miembros adinerados de la asamblea, quienes lejos de involucrar a Dios entre sus planes y negocios, no lo consideran en lo más mínimo. Por el contrario, decidiendo sobre sus egoístas intereses, trataban de agradarse a sí mismos. ¡Cuán necio es ignorar la voluntad de Dios al excluirla de nuestros asuntos! Santiago nos muestra cuatro argumentos erráticos, que evidencian al creyente inmaduro y fuera del amparo divino.

a) LA COMPLEJIDAD DE LA VIDA.- "*¡Vamos ahora! los que decís: Hoy y mañana iremos a tal ciudad, y estaremos allá un año, y traficaremos, y ganaremos;*" (Santiago 4:13) Piense por un instante lo que envuelve la vida; hoy, mañana, comprar, vender, ganar, perder, ir de un lugar a otro. El gran espectro de la vida parece componerse de individuos y lugares, actividades y prioridades, días y años, etc. Está en nosotros el tomar una decisión importante, sobre el qué hacer de nuestra vida. La vida sin Cristo es vacía y carece de sentido, ya que nada puede mantenerle con paz y satisfacción. Se puede ser muy exitoso, sin embargo, aun así no ser feliz. Daudí León puntualizó con tanta razón: "Es curioso que la vida, entre más vacía, más pesa". Una vez que Jesucristo llega al corazón del nuevo creyente, una luz fulgurosa anula toda oscuridad y a partir de allí, se tiene una esperanza, fe y amor. Aun el plano físico adquiere una nueva dimensión en nuestras buenas relaciones con los demás, lo que hace de nuestra vida muy placentera. Ya no vagamos a la deriva sin un por qué existir, por el contrario, ahora adquirimos un propósito, un significado divino. En este instante conocemos que no somos ya más víctimas circunstanciales, sino que podemos caminar sobre nuestras circunstancias. El cristiano inmaduro constantemente hace planes basados en sus deleites y egocentrismo, sin consultar la dirección divina. ¡Los resultados siempre serán caóticos!

Cierta mañana, mientras aún era tema de conversación el cómo una comunidad recién salida del desierto había podido conquistar una poderosa ciudad como Jericó; llegaron al campamento un grupo de viajeros. Sus zapatos desgastados, las prendas de ropa ya desaliñadas y aun el pan duro que llevaban consigo, parecían ser evidencias contundentes de que sus palabras eran ciertas, al decir que venían desde tierras muy, pero muy lejanas. Nada más alejado de la realidad, pues la Biblia certifica que con astucia, los gabaonitas tendieron una escena teatral para engañar al "pueblo de Dios", quien no "consultó a Dios". Se dice al respecto: *"Y los hombres de Israel tomaron de la provisiones de ellos, y no consultaron a Jehová."* (Josué 9:14) ¿Te das cuenta como al ignorar la voluntad de Dios, comentemos tantas necedades, que solo perjudicarán nuestras vidas? ¡Ahora Israel tendría que defender a sus propios enemigos al hacer alianza con ellos! La vida no es tan compleja cuando le damos la dirección al Todopoderoso, y si tal vez no estás contento con los resultados que hasta hoy tienes, es porque quizás siempre has estado en el lugar de mando que no te pertenece. Una vez que le des a Dios el control para que haga su voluntad y no la tuya, comenzarás a sentir la enorme diferencia.

b) LA INCERTIDUMBRE DE LA VIDA.- *"cuando no sabéis lo que será mañana."* (Santiago 4:14a) La declaración que el apóstol Santiago pone a nuestra consideración, parece estar basada en Proverbios 27:1 que dice: *"No te jactes del día de mañana; Porque no sabes qué dará de sí el día."* El sector, a quien se dirige esta exhortación, hacía planes hasta para todo el año, cuando no podían saber si existiría tal vez un mañana.

El vocabulario de los tales evidencia una fuerte confianza en sí mismos: iremos, estaremos, compraremos, ganaremos, etc. Haber, Pastor Claudio Kzooky ¿Me está diciendo que planear es errar? ¡No, de ninguna manera! Pero el hacer planes sin consultar a Dios sí, por supuesto. No confunda este tópico. Debemos aprender que aunque la vida es incierta para nosotros los mortales, no lo es para Dios. Cuando nos movemos en base a su voluntad, podemos tener la confianza de un mañana, ya qué a través de las Escrituras, sabremos lo que nos esperará. Y aún con ello, como canto un himnólogo:"Sea que vivamos o sea que muramos, somos del Señor"

    c) LA BREVEDAD DE LA VIDA.- *"Porque ¿qué es vuestra vida? Ciertamente es neblina que se aparece por un poco de tiempo, y luego se desvanece."* (Santiago 4:14b) Sabes, aunque teniendo el ahínco de medir la vida en años y pareciéndonos larga, la realidad es que la vida es muy corta. Tan solo un pequeño paréntesis para la eternidad. El patriarca Job dijo reiterantemente: *"Y mis días fueron más veloces que la lanzadera del tejedor, Y fenecieron sin esperanza."* (Job 7:6); *"Pues nosotros somos de ayer, y nada sabemos, Siendo nuestros días sobre la tierra como sombra."* (Job 8:9) y *"Mis días han sido más ligeros que un correo; Huyeron, y no vieron el bien. Pasaron cual naves veloces; Como el águila que se arroja sobre la presa."* (Job 9:25-26) Al decir verdad, contamos por influencia popular nuestra vida en años, no obstante, Dios cuenta nuestros días.(Salmo 90:12). Después de todo, vivimos día a día y los tales, se pasan tan rápidamente, por lo tanto, no podemos ir por el mundo "experimentando", es decir, vivir arruinando constantemente nuestra existencia. Los años perdidos, no los recuperaremos jamás, por lo que no debemos ir por la vida malgastando nuestro tiempo en banalidades que carecen de importancia. Hoy por hoy es necesario invertir nuestro tiempo en vivir al máximo, como a Dios le agrada, ya que solo así tenemos la garantía de adquirir resultados eternos.

    La voluntad de Dios ha quedado expresa en su palabra, la Biblia. Al no leerla ignoramos rotundamente cual es nuestro propósito. En la Biblia se nos dan preceptos, principios y promesas que pueden guiar cualquier aspecto de nuestra vida. Conocer y obedecer la palabra de Dios, es sin lugar a dudas, el camino a la plena realización de una vida de éxito. *"Nunca se apartará de tu boca este libro de la ley, sino que de día y de noche meditarás en él, para que guardes y hagas conforme a todo lo que en él está escrito; porque entonces harás prosperar tu camino, y todo te saldrá bien."* (Josué 1:8) Por cierto, ¿Con qué frecuencia lees tu Biblia para conocer la voluntad de Dios? ¿Será que con poca frecuencia? ¡Con razón te es más fácil hacer tu voluntad y no la de Dios! ¡Qué terrible!

d) LA FRIVOLIDAD DE LA VIDA.- *"Pero ahora os jactáis en vuestras soberbias. Toda jactancia semejante es mala;"* (Santiago 4:16) El ser humano tiende a jactarse para cubrir así su torpe debilidad. ¿Por qué jactarnos de lo que no podemos dominar? No está en nuestro poder ver el futuro para controlarlo y jactarnos de lo que vendrá, es querer usurpar el lugar de Dios lo cual es aberrante.

Ignorar la voluntad de Dios es totalmente necio. Es como ir sobre una selva oscura sin ningún mapa o estar en medio del mar sin ninguna brújula. Una vez visité la mina Valenciana en Guanajuato, junto a un grupo de turistas, las cavernas eran grandes y la iluminación muy escueta. La guía puntualizó con exactitud: "estén muy cerca de mí siempre" Realmente fue un gran consejo ante la incertidumbre de ese lugar peligroso y desconocido. Mis amigos, lo primero que debemos aprender en este mundo lúgubre e incierto, es estar muy cerca de nuestro Guía, Dios mismo.

♣ DESOBEDECIENDO LA VOLUNTAD DE DIOS

Si bien es cierto que una cosa es ignorar la voluntad de Dios, peor es aun conocerla y aun así hacernos los occisos para no obedecerla. Pareciera que al sector de creyentes inmaduros, a los que se refiere Santiago, habían elegido su voluntad sobre la de Dios, aun conociéndola. Tal actitud solo expresa orgullo y soberbia. El apóstol acentuó: *"y al que sabe hacer lo bueno, y no lo hace, le es pecado."* (Santiago 4:17) Realmente lo que las personas estaban diciendo era "yo sé más que Dios" ¡Que terrible y nefasta actitud! *"Porque mejor les hubiera sido no haber conocido el camino de la justicia, que después de haberlo conocido, volverse atrás del santo mandamiento que les fue dado."* (2 Pedro 2:21) ¿Por qué existen grupos quienes conocen la voluntad de Dios y la desobedecen deliberadamente? Con anterioridad hemos hablado lo que considero la principal razón: el orgullo. El hombre se jacta de ser el maestro de la vida y capitán de su alma. Después de todo, el hombre ha llevado a cabo inmensas proezas tecnológicas y tantas más maravillas, que le hacen creer ser el dueño supremo del universo. ¡Qué equivocación fatal! Otra razón por la que es fácil desobedecer la voluntad divina es la ignorancia respecto a la naturaleza de la misma. El hombre actúa muchas veces como si pudiera tomar la opción de aceptar o rechazar la voluntad de Dios. Mi amigo, la realidad nos enseña que la voluntad de Dios no es una opción sino una obligación. Nosotros no podemos decirle a Dios que hacer, Él es soberano y nosotros sus criaturas, en consecuencia solo basta obedecerle. No hay alternativas, Dios es nuestro Salvador, Señor y nosotros sus hijos. Considerar su voluntad desde una perspectiva muy liviana, es invitar a su disciplina hacia nuestras vidas. Existen quienes tienen un concepto equivocado de la voluntad de Dios, al creer que ésta solo les llevará a la miseria, cuando es todo lo contario; pues el desobedecer su voluntad, sí les conducirá a una mísera vida de vacíos. Tanto la Biblia como la experiencia, son testigos de ésta irrebatible verdad. Aun cuando observes a un creyente desobediente, aparentemente escapar de las dificultades y pareciera que todo le va bien. ¿Qué podrá decirle a Dios cuando le enfrente cara a cara? *"Aquel siervo que conociendo la voluntad de su señor, no se preparó, ni hizo conforme a su voluntad, recibirá muchos azotes. Mas el que sin conocerla hizo cosas dignas de azotes, será azotado poco; porque a todo aquel a quien se haya dado mucho, mucho se le demandará;*

y al que mucho se le haya confiado, más se le pedirá." (Lucas 12:47-48) ¿Qué pasa con aquellos que conociendo la voluntad de Dios, la desobedecen deliberadamente? ¡El padre tiene un correctivo especial: La Disciplina! En el libro de Hebreos en el capítulo 12 del versículo 5 al 11, está la acertada respuesta. Si un individuo que confiesa ser cristiano, pero no recibe la disciplina del Señor, evidencia que su fe no es cristiana, por lo tanto ha vivido engañado entre las tinieblas. La disciplina de Dios es una muestra de su amor y no de su ira. El ejemplo del escritor hebraico es más que claro: Los padres terrenales corrigen a su hijos, para ayudarles a aprender a obedecer y ser unas excelentes personas, de la misma manera, Dios el padre nos corregirá cada vez que lo necesitemos para ayudarnos a madurar y así portar con decoro el honor de su Gloria. Si te has sentido disciplinado ¡Alégrate! Mejor es pasar un momento adverso aquí en la tierra que toda una eternidad lejos de su presencia en el tortuoso infierno.

♣ OBEDECIENDO LA VOLUNTAD DE DIOS

"En lugar de lo cual deberíais decir: Si el Señor quiere, viviremos y haremos esto o aquello." (Santiago 4:15) Tal afirmación, no es una formula, o una declaración a la ligera, más bien, es una actitud del corazón. Tan es así, que la voluntad de Dios en el cristiano maduro, está aún sobre sus intereses más próximos como el comer. *"Jesús les dijo: Mi comida es que haga la voluntad del que me envió, y que acabe su obra."* (San Juan 4:34) En muchas ocasiones el apóstol Pablo se refirió a la voluntad de Dios, como compartiendo sus planes con un amigo. (Romanos 1:10; 15:32; 1 Corintios 4:19; 16:7) Nunca, el ilustre misionero, consideró la voluntad divina, como si fuese una cadena que lo tenía atado, por el contrario, era una llave que abría puertas, trayendo consigo siempre libertad. Al analizar lo perfecto que Dios creó nuestro universo, observamos que existen leyes inalterables, en las que si cooperamos con ellas, obtendremos excelentes resultados,

sin embargo, si tratásemos de luchar contra dichas leyes, los resultados serían desalentadores. Por ejemplo, las leyes de la aerodinámica son muy específicas para que los ingenieros construyan sus aeroplanos, de acuerdo a dichas leyes y así ver volar sus máquinas perfectamente. Por el contrario, si se desobedecen dichas leyes que gobiernan el vuelo, el resultado será catastrófico. ¡Qué gran ejemplo para entender la ley de la voluntad de Dios! Mi querido Elías, las instrucciones son muy claras: si tú estás en el arroyo de Querit, no te faltará ni pan ni agua y mi provisión estará contigo -dice Dios- ¿Por qué a veces carecemos? ¡Porque tal vez no estamos en el lugar indicado de las órdenes divinas!

La voluntad de Dios para nuestra vida, es comparable con las leyes que diseñó para el universo, con una excepción: Dichas leyes son de carácter general, sin embargo, su voluntad ha sido específicamente diseñada para cada individuo. Si bien es cierto que: la voluntad de Dios, es que nos sometamos a Él (2 Corintios 8:5) Es la voluntad de Dios, que no nos involucremos en la inmoralidad sexual (1 Tesalonicenses 4:3) Todos los cristianos debemos gozarnos, orar y agradecer a Dios (1 Tesalonicenses 5:16-18) Específicamente, Dios no ha llamado a cada uno al mismo trabajo o a ejercitar los mismos dones. La voluntad de Dios está hecha a "la medida" de cada uno, puesto que Dios es personal.

Mis amigos, la voluntad divina no es fría e impersonal como una maquina mecánica de ciclos en sus reiterantes procedimientos, más allá de ello, es una relación viva entre Dios y el creyente. Y esta relación no se destruye cuando el cristiano desobedece, porque el padre sigue obrando aun cuando desobedecemos y nos disciplina. Cuando salimos de la voluntad de Dios, debemos saber que no es el final de nuestras vidas, sufriremos seguramente; y aunque no le permitamos gobernar, porque nos ama, ejecuta su autoridad. De la misma manera en que nuestro cuerpo se duele por el mal funcionamiento de algunas de sus partes y hay que administrarle lo necesario para que sane, Dios ajustará creativamente ciertas cosas en nuestras vidas, para llevarnos una vez más hacia su voluntad. La historia de Abraham o de Jonás son evidencias contundentes de esto. La relación del creyente con Dios, es vital para su crecimiento y desarrollo. *"Permaneced en mí, y yo en vosotros. Como el pámpano no puede llevar fruto por sí mismo, si no permanece en la vid, así tampoco vosotros, si no permanecéis en mí"*. (San Juan 15:4) Solo aquí, es donde se puedes conocer cuál es la voluntad de Dios para ti (Hechos 22:14) la que no es difícil descubrir, si es que en verdad estás dispuesto a obedecerla (San Juan 7:17). Convincentemente creo que la obediencia, es el órgano vital del conocimiento espiritual. Dios no revela sus designios con los descuidados o curiosos, pero sí con aquellos que claman por dirección y están dispuestos a ejecutar lo que Él les mande. Dios tiene un plan perfecto para cada área de tu vida y un qué hacer, el cual anhela revelarte, llenándote así de su conocimiento *"Por lo cual también nosotros, desde el día que lo oímos, no cesamos de orar por vosotros, y de pedir que seáis llenos del conocimiento de su voluntad en toda sabiduría e inteligencia espiritual,"* (Colosenses 1:9)

Ahora bien, Dios no solo te muestra su voluntad para que la obedezcas, sino que te brinda la sabiduría espiritual para comprenderla. (Efesios 5:17) Un niño puede conocer la voluntad de sus padres, pero puede que no la entienda. De pequeño nunca comprendí, porque mamá no quería todas las luces de la casa encendidas hasta que me tocó pagar mi recibo de luz. El niño puede saber qué es lo que quieren sus progenitores, pero aun así desconocer el por qué. La voluntad de Dios en sus propósitos, no son para nada abstractos o desconocidos. San Juan 15:15 nos ilumina con una extraordinaria verdad. *"Ya no os llamaré siervos, porque el siervo no sabe lo que hace su señor; pero os he llamado amigos, porque todas las cosas que oí de mi Padre, os las he dado a conocer."* ¡Somos amigos de Jesucristo! ¡Tenemos acceso a la información divina en cuanto a su voluntad hacia nosotros! El vocablo "comprobar" que evoca Romanos 12:2 en la lengua original hace referencia a "experimentar" Nosotros podemos comprobar cuál es la voluntad de Dios experimentando sus bendiciones una vez que la conocemos y obedecemos. Finalmente, la voluntad de Dios debe realizarse con el corazón. *"no sirviendo al ojo, como los que quieren agradar a los hombres, sino como siervos de Cristo, de corazón haciendo la voluntad de Dios;"* (Efesios 6:6). El famoso profeta de Nínive, conocía a perfección la voluntad divina, no obstante, luego de que Dios lo sacudió fuertemente dentro del pez, al tratar de desobedecerle, la realizó aunque no lo hizo de corazón. En el capítulo 4 de Jonás, tenemos referencias de que el profeta se airó, al ver el amor de Dios por no destruir la ciudad, mientras el pueblo se arrepentía y era salvo. Puedo decir que si bien, hizo al final la voluntad de Dios para que no se le castigara más no por la pasión que ello debió haber representado.

Mis amigos, lo que el apóstol Pablo menciona sobre el tema del dar, bien lo podemos aplicar al vivir. *"Cada uno dé como propuso en su corazón: no con tristeza, ni por necesidad, porque Dios ama al dador alegre."* (2 Corintios 9:7) Si alguien da, por el simple hecho del que "tiene que" no tendrá gozo al hacerlo. Si alguien va a obedecer la voluntad de Dios con un "ya que" o "qué más da" solo acarreara frustración y tristeza lúgubre a su vida. Las personas así, viven constantemente amargadas y amargan todo a su alrededor. El secreto de una vida feliz, está en agradarse de lo que nos corresponde hacer con una actitud óptima y positiva. Cuando el deber llega a ser nuestra delicia, lo que parecían cargas se tornarán en bendiciones. ¡Eso es madurez! *"Cánticos fueron para mí tus estatutos En la casa en donde fui extranjero."* (Salmo 119:54)

Si verdaderamente amamos a Dios, sus estatutos se transformarán en deleitosas canciones y entonces nos gozaremos en servirle. Cuando servimos a Dios, nos quejamos de lo que tenemos que hacer y vemos todo como una obligación, más que un privilegio; es cuestión de redireccionar nuestra perspectiva. Ya que, cuando hacemos la voluntad de Dios, de corazón somos enriquecidos tanto espiritual como

CLAUDIO KZOOKY RODRIGUEZ

materialmente; no importando cuán difícil sea el lugar donde estemos plantados.

¿Qué beneficios se obtienen de obedecer la voluntad de Dios?, Por un lado, nos gozamos en una comunión profunda con Dios (Marcos 3:35). Tenemos el privilegio de conocer cada vez más sus verdades absolutas (San Juan 7:17). Tenemos la garantía de que las oraciones que elevemos serán contestadas (1 Juan 5:14-15) Cuando hagamos su voluntad permaneceremos para siempre (1 Juan 2:17) en definitiva: Su presencia estará con nosotros. No hay nada más maravilloso que esto. ¿Te das cuenta, cuán importante es no descuidar su voluntad por encima de la nuestra? Con tanta razón Juan el Bautista exclamó: *"Es necesario que él crezca, pero que yo mengüe."* (San Juan 3:30)

♣PARA REFLEXIONAR

¿Cuál de las mencionadas es su actitud ante la voluntad de Dios? ¿La ignora y vaga viviendo solo para sus placeres? ¿La conoce, pero prefiere no obedecerla y constantemente se queja de lo mal que le va? ¿Ama a Dios sinceramente como para agradarle en lo que Él le pida?

♣VERSICULO A DISCUSIÓN

Jeremías 29:11 "Porque yo sé los pensamientos que tengo acerca de vosotros, dice Jehová, pensamientos de paz, y no de mal, para daros el fin que esperáis."

♣FRASE PARA PENSAR

"Oh Dios, hágase de mí tu voluntad. Mi parecer se identifique con el tuyo. Te pertenezco. No pido dispensa de nada que a tus ojos parezca bueno. Llévame a dónde quieras, vísteme con el traje que quieras."

Epicteto

11. "educación financiera solo para cristianos maduros"

La insignia de una excelente administración de las riquezas

A Ana, una niña de algunos nueve años, le habían dado dos monedas de cinco pesos. Una podría gastarla en la tienda y la otra era para el Señor; la cual debería depositar en el momento de las ofrendas. Camino a la iglesia y jugando con las monedas, una de ellas se le cayó a la coladera.

-¡Mamá! -Gritó desesperada - ¡se me cayó la moneda que era del Señor!- Definitivamente, el cristianito inmaduro es muy similar.

Se dice que si el dinero hablara, tal vez lo único que diría sería —adiós- .El tema de las finanzas, que hoy nos corresponde, es tan amplio que se han escrito valiosos volúmenes al respecto, por ahora, nos limitaremos a lo que Santiago escribe, en cuanto a nuestra relación con el dinero, permítame preguntarle: ¿Ser rico es malo? ¡Por supuesto que no! El dinero, al no ser proactivo, no es un ente que piense o decida por sí mismo, somos nosotros, quienes le atribuímos ese calificativo, respecto a la manera en que lo usemos. Después de todo, Abraham era un hombre rico, sin embargo, caminó en la presencia de Dios y fue usado para bendecirnos extraordinariamente. Algunos Teólogos, creen que la riqueza del rey Salomón, ascendía a ser cinco veces mayor que la que actualmente tiene el magnate Carlos Slim, calificado como el más rico del mundo, solo para que dimensionemos lo basto y próspero de su reinado.

El apóstol Santiago, denuncia tajantemente en su carta a los ricos egocéntricos; quienes solamente viven para sí mismos, alimentando sus vanidades, de los que nos da tres advertencias en cuanto al tema que nos compete.

He aquí la primera: La manera en que los ricos se hicieron ricos (Santiago 5:4-6). La Biblia no descorazona a nadie que quiera ser rico, por el contario, creo en un Dios rico dueño de todo abundantemente. En la ley dada a Moisés, se mencionan reglas específicas para quienes deseen ser ricos. Los judíos de Canaán, eran dueños de propiedades y se beneficiaban con el producto del trabajo de las mismas. Existen más de 600 referencias en las Sagradas Escrituras con respecto al dinero y Jesús mismo en muchas de sus parábolas, se refirió a éste de una y muchas formas, mostrando siempre respeto a la propiedad y a las ganancias privadas. No existe nada en las epístolas, que contradiga el derecho privado de ser dueño o a obtener ganancias. Lo que la Biblia condena, es adquirir las ganancias materiales de una manera ilegal y deshonesta. El profeta Amós con severidad denunció a la clase rica que robó a los pobres para amasar sus fortunas y así vivir con lujos y excentricismos. Tanto Isaías como Jeremías, advirtieron constantemente, que el egoísmo de los ricos sería llevado a juicio. Bajo este tenor, es que el ilustre Santiago nos explica, como los ricos de la época llegaron a ese nivel de glamour.

Primero, no pagando los justos salarios (Santiago 5: 4) Se buscaban trabajadores a los que se les contrataban por día pero eran defraudados a la hora de remunerarles. La parábola de Mateo 20, nos da una idea del cómo se buscaba personal para trabajar en los campos y el sistema de acuerdo a sus salarios. En la ley, había instrucciones precisas en lo que concierne al hombre de labor y la protección que debería recibir de parte de sus empleadores. *"No oprimirás al jornalero pobre y menesteroso, ya sea de tus hermanos o de los extranjeros que habitan en tu tierra dentro de tus ciudades. En su día le darás su jornal, y no se pondrá el sol sin dárselo; pues es pobre, y con él sustenta su vida; para que no clame contra ti a Jehová, y sea en ti pecado".* (Deuteronomio 24:14-15); *"No oprimirás a tu prójimo, ni le robarás. No retendrás el salario del jornalero en tu casa hasta la mañana."* (Levítico 19:13) ; *"¡Ay del que edifica su casa sin justicia, y sus salas sin equidad, sirviéndose de su prójimo de balde, y no dándole el salario de su trabajo!"* (Jeremías 22:13) La ley siendo tan exacta, no da lugar para el hurto ni aun disfrazadamente. Mis amigos, al ser cristianos maduros debemos ser fieles al pagar nuestras cuentas. ¡Que terrible es ver a cristianitos queriendo pagar menos a sus empleados! ¿En dónde está nuestro sentido de justicia y generosidad? La frase que todo comerciante teme escuchar de parte del cliente: "¿Cuánto es lo menos?" ¡Que patético! ¿Por qué vas regatear el trabajo, que con esfuerzo le costó a quien te vende un producto o te brinda un servicio para sacar ventaja y alimentar tus egoístas intereses? Tal conducta solo revela inmadurez y créeme que los tacaños, avaros y usureros, no son parte de la gloria del Dios Todopoderoso.

Un cristiano maduro sabe sus responsabilidades financieras y aún más que ello, es un excelente administrador. Nunca buscará su bien personal a base de quitarle a otros, por el contrario, sabe que en el dar está la bendición del recibir. Sí, dije DAR y este pequeño vocablo es suficiente para espantar a los más inmaduros, porque a los niños no les gusta dar. ¿No es cierto que de niños queríamos todo para nosotros sin compartir con nadie? Ponga atención a los nenes y se dará cuenta que lloran y berrinchan cuando Mamá no les da la atención, la cual reclaman toda para sí, que se sienten entusiasmados con recibir y que les compren lo que anhelan con tal de tener y tener. Observará que la sonrisa se desdibuja en los más pequeños, cuando hay que compartir los juguetes o peor aún, regalarle algo a alguien, de lo que sienten que les pertenece. ¡Cuánta similitud en los cristianitos inmaduros! Se espantan cuando el pastor habla de apoyar con donativos, de la ofrenda, no se diga del diezmo ¡Uyy, eso es terrorífico para quien no ha aprendido a dar! Al crecer y ser adultos, nos damos cuenta de nuestra nefasta actitud de niños, entendiendo que el mundo adulto es un constante dar y quien no da; simplemente no recibe. Es un ciclo constante, que solo es detenido por nuestra tacañez y nuestra pobre e infantil mentalidad. Así como sería ridículo ver a un individuo ya grande berrinchando por que le den, sea atención o cualquier otra cosa. Es lo mismo con los cristianitos, que con el paso del tiempo aún no saben dar y berrinchan, cuando se les exhorta a no descuidar esta actitud que nos caracteriza como cristianos, portadores de la Gloria de Dios. Convincentemente; creo que el dinero es una de las pruebas más grandes que Dios nos da. Como esta nuestro corazón, se verá reflejado en el buen o mal uso que hacemos de las riquezas.

El segundo factor en que los ricos adquirían ilegalmente sus fortunas era controlando las cortes. (Santiago 5:6) Casi siempre, quien tiene dinero, junto a éste existe un poder no solo social sino hasta político, pudiendo hacer lo que quiere. Quienes viven así, se basan en la filosofía que un comediante una vez manifestó en la televisión:

-¿Cuál es la regla de oro?- preguntó entusiasmado a su público ávido por alegrarse con la respuesta.

- ¡La regla de oro, es que el que tiene el oro hace la regla!- La carcajadas no se hicieron esperar ante la simpatía del cómico personaje. ¡Un momento! ¡En Cristo esto no es así! Por su parte, Santiago dice: *"Pero vosotros habéis afrentado al pobre. ¿No os oprimen los ricos, y no son ellos los mismos que os arrastran a los tribunales?"* (Santiago 2:6). Cuando Dios estableció a la nación de Israel en su tierra, también les diseño un sistema de Corte Nacional (Deuteronomio 17:8-13) Con firmeza, advirtió a los jueces a no ser codiciosos (Éxodo 18:21) Por nada debería existir la parcialidad cargándose, ya sea a lado de los ricos o de los pobres (Levítico 19:15). El soborno y la corrupción, nunca pertenecieron al sistema divino, más bien, son obras del gobierno de satanás. Un cristiano maduro, nunca participará en lo deshonesto, con el fin de atraer algunos billetes a su cartera, cuando sabe que su salvación está en juego. La corte en los tiempos de Santiago, estaba al parecer bajo el control del dinero. Los pobres no podían pagar para llevar sus casos y de esta manera, más se abusaba de ellos. Al igual que los trabajadores, tenían muchos asuntos en materia laboral, para llevar a la Junta Federal de Conciliación y Arbitraje; sin embargo, se veían impotentes al ser faltos de recursos. La palabra "muerte" del versículo 6 tal vez sea una manera figurativa de describir la situación que se vivía, evidenciando el grado de opresión a la que se enfrentaban. Cuando el pobre no tenía los medios para combatir las injusticias del rico, lo único que le quedaba era clamar a Dios por justicia, la cual hasta nuestros días, nunca será negada. Llevando estos conceptos a un plano más pragmático, ¿Cuántas veces se manipulan, no solo las cortes, sino hasta las personas, con tal de obtener un beneficio económico? ¿Por qué existen líderes impunes en las organizaciones, a base de su poder político o de sus buenas aportaciones? ¿Por qué se batalla en ocasiones para denunciar el pecado de los que más dan? ¡Terrible es la inmadurez y la tal, no debe ser tolerada en quienes teniendo tiempo en el evangelio, no son capaces de dar fruto y si inutilizan la tierra contaminando a sus congregaciones con dicha corrupción!

Algunos factores negativos en las Escrituras, que vislumbran cómo los ricos adquirían su opulencia son: La Avaricia (Proverbios 28:22), el Engaño (Jeremías 5:27) la Rapiña y Mentira (Miqueas 6:12) entre otros.

La Biblia nos advierte: no engrosar nuestras riquezas, de una manera ilegal como ya lo analizamos. Dios, quien es dueño de toda exuberancia (Salmo 50:10) permite que seamos sus ADMINISTRADORES. *"Las riquezas de vanidad disminuirán; Pero el que recoge con mano laboriosa las aumenta"* (Proverbios 13:11) ¡Allí esta! Una vez que aprendemos del libro de Dios, el cómo tener riquezas los demás métodos banales y pecaminosos, pierden importancia. El sabio Salomón reitera: *"La mano negligente empobrece; Mas la mano de los diligentes enriquece"* (Proverbios 10:4) ¿Quieres tener riquezas bajo la prosperidad de Dios? ¡Debes de comenzar a ser diligente!

Aprende bien esto: Para tener primero hay que ser. Primero "soy" consecuentemente entonces "tengo". Un ciudadano del reino de Dios, sabe que su labor constante es buscar PRIMERO el reino y luego la JUSTICIA, así todo lo demás será añadido. (Mateo 6:33) Es David, el insigne rey de Israel, quien afirma en el famoso salmo 23 que: *"Ciertamente el bien y la misericordia me seguirán todos los días de mi vida..."* Curioso es que en el siglo XXI, los cristianitos inmaduros anden detrás del BIEN y la misericordia. ¿Qué contraste no crees? Medítalo en el corazón.

La segunda advertencia: Es la manera en que el rico usaba su riqueza. (Santiago 5:3-5) Si bien, nos parece que es grave adquirir la riqueza de una manera pecadora y aberrante, analicemos lo que el apóstol tiene que decir, en cómo usar las riquezas que se adquieren. El adinerado busca los bienes para acumularlos ¿Es correcto? Veamos con atención. La escritura es muy clara al hablar de ahorros, actividad que respalda el apóstol Pablo al afirmar: *"He aquí, por tercera vez estoy preparado para ir a vosotros; y no os seré gravoso, porque no busco lo vuestro, sino a vosotros, pues no deben atesorar los hijos para los padres, sino los padres para los hijos".* (2 Corintios 12:14) Un cristiano maduro es previsor y siempre tendrá una cuenta de ahorro de la cual disponer, tal vez no necesariamente en un banco, sin embargo, contará con capital para cualquier emergencia que se presente. Existe mucha literatura excelente, al respecto de la educación financiera, el célebre escritor Robert Kiyosaky autor de "Padre rico, padre pobre"; constantemente habla de la libertad financiera fruto de una vida organizada y la importancia de no trabajar por dinero, sino más bien hacer que el dinero trabaje para nosotros, es decir, no ser esclavos de los bienes aprendiendo a dominarlos administrándonos y ahorrando. Además de ello, el cristiano maduro, sabe proveer para su casa. Sí, así es. No puede ser posible que te quebrantes en el altar, dances, y seas mega espiritual, si tu familia no tiene que cenar en casa. *"porque si alguno no provee para los suyos, y mayormente para los de su casa, ha negado la fe, y es peor que un incrédulo."* (1 Timoteo 5:8) Si la incredulidad está condenada en Apocalipsis 21:8, imagina nada más lo que es ser "peor que los incrédulos". ¡Uyy!

El tema de las riquezas, además de ser muy basto, es por lo demás controversial entre los diversos sectores evangélicos. No pretendo ser causa de polémica en el tema, pero si advertir; que la educación financiera cristiana es una insignia reveladora de nuestra madurez espiritual.

Los ricos, a quienes el apóstol se refiere, pareciera que guardaban acumulando para sí mismos el grano, el oro y los vestidos. Creían ser ricos, por la cantidad de posiciones que pudiesen amasar, en lugar de hacer tesoros en el cielo y darle la Gloria a Dios con lo que hacían. Su egocentrismo, no les deja más que guardar todo para su placer personal, sin saber que bastaron solo diez años más tarde de que esta carta fuese escrita, para que Jerusalén cayera en manos del pueblo romano y sus bastas riquezas fuesen tomadas como botín por los extranjeros.

¿Qué significa hacer tesoros en el cielo? ¿Debo optar por un régimen comunitario en el que no tenga bienes? ¿Debo vender lo que tengo con el fin de no tener nada? ¡Por supuesto que no! En mi aseveración personal, es una cuestión de ACTITUD, ningún bien debe de interponerse entre la relación que existe con Cristo. Hacemos tesoros en el cielo con nuestras acciones y actitudes, al reconocer que solo administramos lo que no es nuestro, Dios es el dueño soberano de TODO (Salmo 24:1) y es nuestra misión tutelar responsablemente lo que poseemos.

Lo que nosotros detentamos, no son más que cosas y es al permitirle a Dios que nos sature, de acuerdo a su voluntad, cuando lo que tenemos como lo que somos le glorifica a Él, invirtiendo así para la eternidad. Es decir, lo que hacemos con nuestros recursos, se registra puntualmente en el cielo y pareciera que Dios va sumando intereses. ¡Que tragedia es ver la obsesión desmedida, llena de avaricia para acumular bienes que un día se quemarán cuando todo en este mundo perezca!

"He aquí, clama el jornal de los obreros que han cosechado vuestras tierras, el cual por engaño no les ha sido pagado por vosotros; y los clamores de los que habían segado han entrado en los oídos del Señor de los ejércitos." (Santiago 5:4). Definitivamente, eran medios fraudulentos con que los tales individuos, habían adquirido sus riquezas al no pagar a sus obreros, robando lo que les pertenecía a otros. Mis amigos, al decir que somos administradores, conllevamos responsabilidades con respecto a Dios. Si algo la Biblia constantemente nos anima y advierte es a ser FIELES, ya que la Fidelidad al final de cuentas, es nuestra entrada hacia la vida eterna (Apocalipsis 2:10c) José es un lúcido ejemplo de fidelidad, al administrar la casa de Potifar la cual prosperó. ¡Prueba ser fiel! Al ser agradecidos con todo lo bueno de la vida, a nadie nos gustaría vivir en condiciones precarias, no obstante, que por otro lado, debemos marcar una línea de cuanta prosperidad deseamos y podemos tener. *"Y les dijo: Mirad, y guardaos de toda avaricia; porque la vida del hombre no consiste en la abundancia de los bienes que posee."* (Lucas 12: 15) Existe una titánica diferencia entre gozarse en lo que Dios nos ha dado y en una vida de extravagancias y excentricismos a costa del dinero de otros (1 Timoteo 6:17) Un factor relevante de los lujos, es que al animar nuestro ego, arruinan nuestro carácter; la soberbia y la prepotencia solo esperan un instante de confort en el corazón humano, para hacerse manifiestas. Actitudes con la cuales debemos tener absoluto cuidado, ya que un corazón donde imperan las obras de la carne revela que no es salvo. Entre más tienes, es necesaria mucha mayor responsabilidad, recuerda que si no eres fiel en lo poco ¿Cómo podrás ser fiel si es que tuvieses más? *"El que es fiel en lo muy poco, también en lo más es fiel; y el que en lo muy poco es injusto, también en lo más es injusto. Pues si en las riquezas injustas no fuisteis fieles, ¿quién os confiará lo verdadero?"* (Lucas 16:10-11).

La Tercera advertencia: ¿Qué es lo que las riquezas hacen? (Santiago 5:1-4) Los ricos a los que se refiere el insigne apóstol, pensaban que tenían una vida asegurada debido a sus riquezas ¡Nada más alejado de la realidad! A lo que con severidad se les sentencia: "¡Vamos ahora, ricos! Llorad y aullad por las miserias que os vendrán." (Santiago 5:1) Como principio, aprendemos que las riquezas se desvanecen (versículo 2 y 3a) el grano se pudre, el oro se oxida y la ropa se llena de moho. En definitiva, nada de este mundo tangible dura para siempre.

Cuan equivocados estamos si estamos, poniendo nuestra confianza en las riquezas y no en Dios, cuando 1 Timoteo 6: 16 revela: "el único que tiene inmortalidad, que habita en luz inaccesible; a quien ninguno de los hombres ha visto ni puede ver, al cual sea la honra y el imperio sempiterno. Amén." La opulencia es incierta, el mercado de la moneda fluctúa de una hora a otra en la bolsa de valores, al igual que en los bancos, donde son variables las tazas de intereses. Realmente no podemos decir que el oro se oxide de la misma manera que el hierro; pero al fin la idea es la misma, cuando su valor es voluble. Añadiendo a todo ello, que la vida es breve y que no podemos llevarnos a la tumba nada de lo que acumulemos, es tonto vivir un concepto mundano y materialista. Dios dice al hombre rico: "Necio, esta noche vienen a pedirte tu alma; y lo que has provisto, ¿de quién será?" (Lucas 12:20) Es interesante, que mientras el pecador se encierra en la prisión del trabajar y amontonar riquezas, al final sus bienes los disfrute alguien que agrada a Dios (Eclesiastés 2:26) haciendo realidad el adagio popular "Nadie sabe para quién trabaja". Te debe quedar claro: las riquezas no son proactivas, por lo que adquieren su valor de nuestras motivaciones y éstas al ser incorrectas; las denigran convirtiéndolas muchas veces en nuestros más infames tropezaderos. Abraham, fue un hombre riquísimo, no obstante, siempre mantuvo su fe en Dios y un carácter ecuánime maduro. Lot quien representa a los cristianitos inmaduros, al enamorarse de las riquezas que prometía la tierra del pecado arruinó no solo su carácter, sino hasta su propia familia. Es bueno tener riquezas en nuestras manos, pero que nunca lleguen a nuestro corazón. (Salmo 62:10, Proverbios 22:1) Recordemos que no es el dinero sino el "amor a él" la raíz de muchos males. *"porque raíz de todos los males es el amor al dinero, el cual codiciando algunos, se extraviaron de la fe, y fueron traspasados de muchos dolores."* (1 Timoteo 6:10) Con certidumbre, podemos afirmar, que el juicio sobre nuestras riquezas es real (Santiago 5:3-5). No solo hay un juicio presente como la decadencia y el trastorno del carácter, sino que además hay un juicio futuro delante de la presencia del gran Juez, Jesucristo (Santiago 5:9b). ¿Quiénes testificarán en nuestra contra? ¡Oh, no! ¡Las riquezas! El grano podrido, los metales oxidados y la ropa enmohecida, serán los crueles testigos de nuestro nefasto egoísmo, terrible que aun los salarios que retuviste y de cuanto te quisiste aprovechar para "ganar algo extra" estarán allí acusándote. (v4). Si Dios escuchó la sangre de Abel reclamando justicia (Génesis 4:10) creo que en una figura antropomórfica de las riquezas, allí estarán señalándonos, cuando nos presentemos para ser juzgados en aquel gran día de rendición de cuentas.

Mis amigos, que bueno es disfrutar y tener las cosas que con el dinero se pueden comprar, cuando éste ha sido adquirido de una manera legal, en la que podemos tener paz tanto con los demás como en nuestra conciencia ante Dios, sin embargo, pensemos: ¿De que serviría una casa de diez millones de pesos, si no se transforma en un hogar? ¿De que serviría un diamante de un millón de pesos si el cónyuge es infiel y en la relación no existe amor? ¿Sabes que aunque tus hijos tengan la mejor pantalla y la última tecnología en consolas y videojuegos, nada se compara con una buena charla y tiempo de calidad con ellos, para no crecer vacíos y carentes de afecto? Seré reiterante: el apóstol no condena las riquezas ni quien es rico, se condena el mal uso de ellas y a quienes las usan como un arma para destruir y abusar a otros.

Ahora bien, es posible ser pobre en este mundo, pero rico en el venidero (Santiago 2:5) como hay factibilidad de ser rico en este mundo, pero muy pobre en el otro (1Timoteo 6:17) Lo más seguro es que cuando Jesús retorne a la tierra, muchos pobres se vuelvan ricos. *"Porque donde esté vuestro tesoro, allí estará también vuestro corazón."* (Mateo 6:21) Si nos dedicamos, avariciosamente a tener eso que acumulamos, será incierto y tenderá a pudrirse; sin embargo, si damos, será una siembra donde cosecharemos ejercitándonos al mover los engranes del ciclo constante del dar y recibir.

Hace unos días conocí, estando en el negocio de un pastor, a un creyente de otra congregación de la ciudad. Como me presentaron ante él como docente de una institución de educación Bíblica, no esperó en abordar algunos temas polémicos y que atraían su interés. Entre la charla que mantuvimos me confesó que no diezmaba, teniendo argumentos que para cualquiera sonarían agradables y muy convincentes; fue allí donde a la luz de las Escrituras siempre sostuve el por qué yo diezmaba; por último apelé a mi experiencia y a lo que he comprobado invitándole a hacer la prueba. Comprendí que siempre la evidencia será irrebatible.

Mi amigo ¡Si funciona! Yo y millones de cristianos en el mundo, podemos dar fe de que algo extraordinario sucede, cuando diezmas y pagas a Dios lo que le corresponde. Cuando degustas una fruta ¿Verdad que no te comes la semilla? ¡Tú diezmo es tu semilla! La cual al ser plantada, genera bastos dividendos usufructuables, los que se ven materializados en tu próspera economía.

Quien ha adquirido la insignia de una excelente administración en las finanzas diezma, ofrenda y lleva sus primicias al altar en obediencia a Dios. Obedecer es la prueba. No es tacaño ni avaro, al reconocer que todo fenece; disfruta el dar y compartir con los demás viviendo Proverbios 19:17 que dice: "*A Jehová presta el que da al pobre, Y el bien que ha hecho, se lo volverá a pagar.*"

♣PARA REFLEXIONAR

¿Qué testificará el dinero, a su favor o en su contra? ¿Su Dios es Jehová de los ejércitos o será que sigue adorando sus riquezas? ¿Cuál es su actitud frente a sus posiciones? ¿Ama más a Dios que el confort que pudiera tener ilegalmente?

♣VERSICULO A DISCUSIÓN

Lucas 6:38 "Dad, y se os dará; medida buena, apretada, remecida y rebosando darán en vuestro regazo; porque con la misma medida con que medís, os volverán a medir."

♣FRASE PARA PENSAR

"Quienes creen que el dinero lo hace todo, terminan haciendo todo por dinero."

Voltaire

12. "¡dame paciencia, pero ya!"

La insignia de la paciencia

Érase una vez una isla, donde habitaban todos los sentimientos: la alegría, la tristeza y muchos sentimientos más, incluyendo el amor. Un día, les fue avisado a sus moradores que la isla se iba a hundir, por lo que todos los sentimientos se apresuraron a abandonarla. Abordaron sus barcos y se prepararon a partir apresuradamente, sólo el AMOR permaneció en ella, quería estar un rato más en la isla que tanto amaba, antes de que desapareciera.

Al fin, con el agua al cuello y casi ahogado, el AMOR comenzó a pedir ayuda. Se acercó la RIQUEZA que pasaba en un lujoso yate y el AMOR dijo: -RIQUEZA llévame contigo-. La RIQUEZA contestó: No puedo, hay mucho oro y plata en mi barco, no tengo espacio para ti.

Le pidió ayuda a la VANIDAD, que también venía pasando: "VANIDAD, por favor ayúdame".- Le respondió: Imposible AMOR, estás mojado y arruinarías mi barco nuevo".

Pasó la SOBERBIA, que al pedido de ayuda contestó: "¡Quítate de mi camino o te paso por encima!". Como pudo, el AMOR se acercó al yate del ORGULLO y, una vez más, solicitó ayuda. La respuesta fue una mirada despectiva y una ola casi lo asfixia.

Entonces, el AMOR pidió ayuda a la TRISTEZA: "¿Me dejas ir contigo?". La TRISTEZA le dijo: "Ay AMOR, tú sabes que siempre ando sola y prefiero seguir así". Pasó la ALEGRÍA y estaba tan contenta que ni siquiera oyó al AMOR llamarla. Desesperado, el AMOR comenzó a desfallecer, con lágrimas en sus ojos. Fue entonces cuando una voz le dijo: "Ven, AMOR, yo te llevo". Era una anciana la que le decía eso. El AMOR estaba tan feliz que se olvidó preguntarle su nombre.

Fue llevado nada menos que a la tierra de la SABIDURÍA y, una vez allí, el AMOR preguntó a ésta: "¿Quién era la anciana que me trajo y salvó mi vida?". La SABIDURÍA respondió: "era mi hermana la PACIENCIA", -¿la paciencia? Pero, ¿Por qué la PACIENCIA me quiso ayudar?", dijo el AMOR. La SABIDURÍA le respondió: "Porque sólo la PACIENCIA es capaz de ayudar, entender y transportar a un gran AMOR, es decir, quien es paciente lleva consigo la evidencia perfecta de que en realidad ama".

La cultura contemporánea, muchas veces juega un papel influyente en nuestras vidas, donde como sociedad moderna, nos acostumbramos a los alimentos rápidos de 3 minutos en el microondas, a la paquetería exprés, a programas televisivos de 30 minutos, a la mensajería en segundos, a través de las aplicaciones de nuestros celulares inteligentes o las redes sociales; nos acostumbramos a los carriles expresos de las autopistas, a la comida rápida de las franquicias restauranteras, mini cursos y aviones concordes; nos hacen adquirir la sensación, de que todo se debe hacer con efectividad y rápidamente, perdiendo así toda noción del significado de la palabra "paciencia".

El apóstol Santiago, es reiterante en la importancia titánica que es tener paciencia ¿Recuerdas que inició su carta exhortándonos a tenerla? (Santiago 1:1-5) ¡Pues hoy explícitamente lo acentúa! "...tened paciencia..." (Santiago 5:7). Pese a las diversas teorías religiosas al tenor, del fin de los tiempos que hoy se levantan con ímpetu, entre algunos sectores que se dicen "cristianos", muchas de ellas ridiculizando nuestra esperanza; La Biblia es determinante en afirmar con seguridad que: ¡Cristo viene! Tres veces el apóstol nos lo recuerda en esta porción de la escritura (Santiago 5: 7-9). Saber que el Señor está cerca, es la más grande esperanza bienaventurada de todo cristiano maduro (Tito 2:13) Si bien es cierto que el anhelo de Dios, es bendecir nuestras vidas en cada área (3 Juan 1:2), no debemos esperar que todo debe por sí, ser fácil y confortable en esta vida presente. *"En el mundo tendréis aflicción; pero confiad, yo he vencido al mundo."* (San Juan 16:33) El apóstol Pablo acompañado de Bernabé predicaba con ahínco a los cristianos del primer siglo: *"…exhortándoles a que permaneciesen en la fe, y diciéndoles: Es necesario que a través de muchas tribulaciones entremos en el reino de Dios."* (Hechos 14:22) ¡Qué distante de la predicación post-moderna basada en el ego y el excentricismo del hombre! ¿No crees?; cuando con determinación debemos afrontar pacientes las aflicciones y dificultades que se nos presenten hasta que Cristo retorne.

Definamos el concepto: ¿Qué es paciencia? La paciencia es la actitud que lleva al ser humano a poder soportar contratiempos y dificultades para conseguir algún bien. De acuerdo con la tradición filosófica griega, "es la constancia valerosa que se opone al mal, y a pesar de lo que sufra el hombre no se deja dominar por él" Dicho vocablo proviene del latín *"pati"*, que significa sufrir. De hecho el participio *"patiens"* se introdujo al castellano como "paciente" (en los hospitales) o "el que sufre". Santiago usa con asertividad dos palabras diferentes para indicar el sentido de paciencia. Por una parte la raíz griega "longanimidad" (versículos 7,8, y 10) y por otra el verbo "sufrir" (Santiago 5:11). Ambas expresiones significan "el permanecer bajo el yugo de algo" o "mantenernos firmes a pesar de las adversidades que nos rodeen"

Un lúcido ejemplo de resistencia, es ver la flexibilidad de las palmeras a la orilla del mar, pareciera que se trozan al arquearse, mientras la tormenta huracanada las enviste con toda la furia de su fuerza vigorosa, no obstante, cuando regresa la calma, las vemos otra vez frescas, hermosas y verticales. *"El justo florecerá como la palmera; Crecerá como cedro en el Líbano. Plantados en la casa de Jehová, En los atrios de nuestro Dios florecerán. Aun en la vejez fructificarán; Estarán vigorosos y verdes, Para anunciar que Jehová mi fortaleza es recto, Y que en él no hay injusticia."* (Salmo 92:12-15) ¿Cómo podemos experimentar la paciencia que nos permite ser resistentes y ver titánicas bendiciones hasta que el Señor regrese? El insigne apóstol, pone a nuestra vista tres imágenes representativas, que no solo nos explican a detalle, sino que además nos animan brindándonos esperanza.

♣ EL LABRADOR

La impaciencia y el labrar la tierra, son tan inconvexas como poner a un vegetariano en una carnicería, es decir, tal como el agua y el aceite, en definitiva ¡no se llevan! Y es que para labrar, un factor relevante es la paciencia. Ninguna cosecha aparece mágicamente de la noche a la mañana, como ningún labrador hasta ahora tiene facultades para acelerar y determinar el tiempo. Una vasta cantidad de lluvia, puede pudrir la cosecha perdiendo así toda ganancia, mientras que un sol exorbitante puede causar que todo se queme. Una caída de nieve o cualquier otro factor climatológico destructivo arruinarían por completo todo vestigio usufructuable. Ante todas las hipótesis negativas ¿Cómo el labrador debe esperar en Dios? ¡A veces es increíble imaginarlo!

El labrador debe tener paciencia con la semilla y con la cosecha, ya que existe un tiempo determinado para sembrar como para cosechar. Los agricultores judíos plantaban la tierra en el otoño, pues el clima de la lluvia temprana, era ideal para ablandar el suelo y así depositar la semilla. Meses más tarde, la lluvia tardía que caería al inicio de la primavera, ayudaría a la maduración de los frutos, los que estarían listos para la cosecha. Son muchas semanas de ardúa espera para que los algoritmos del proceso se traduzcan en ganancias. ¿Por qué el labrador espera? ¡Porque su fruto es precioso! "... *Mirad cómo el labrador espera el precioso fruto de la tierra...*" (Santiago 5:7) Definitivamente: Vale la pena esperar. "*No nos cansemos, pues, de hacer bien; porque a su tiempo segaremos, si no desmayamos.*" (Gálatas 6:9) Amigo, ¡No te canses! ¿Te das cuenta que todo lo que analizamos en los capítulos anteriores cobra un valioso sentido? La intención al escribir no es desmotivarte para que me digas "soy un fatal nene, un inmaduro berrinchudo que quiere todas las cosas fáciles ¿Cuánto tiempo pasará para comenzar a vivir una vida que a Dios le agrade?", por el contrario, estoy aquí para decirte: NO TE CANSES, actúa una y otra vez, levanta tu mirada y tomando una actitud firme, determínate a sembrar, pues con paciencia segaras no más de lo que plantaste. *"Decía además: Así es el reino de Dios, como cuando un hombre echa semilla en la tierra; y duerme y se levanta, de noche y de día, y la semilla brota y crece sin que él sepa cómo. Porque de suyo lleva fruto la tierra, primero hierba, luego espiga, después grano lleno en la espiga; y cuando el fruto está maduro, en seguida se mete la hoz, porque la siega ha llegado"* (Marcos 4:26-29).

Mi amigo; Santiago, te describe como un labrador espiritual, quien busca una cosecha espiritual la cual se materializa en muchas bendiciones. (Santiago 5:8) Nuestro corazón es el suelo y la semilla es la palabra de Dios (Lucas 8:11). Como existen estaciones en la vida terrenal, las hay en la vida espiritual. Algunas veces el corazón está frio e indiferente, entonces el Señor viene y acondiciona el suelo, removiéndolo antes de que pueda ser plantada una semilla (Jeremías 4:3), luego envía durante el proceso su sol y su lluvia; es decir, su bondad y la nutrición que necesitamos al crecer en fe. Sin embargo, se necesita paciencia para comenzar a ver los pequeños arbustos brotar, crecer y producir. Aquí está el secreto de la perseverancia: ¡Cuando todo parece en contra, prepárate, porque Dios está produciendo la cosecha de tu vida! Su deseo es, que el fruto del espíritu crezca en nosotros (Gálatas 5:22-23) y la única manera de producirnos paciencia, es a través de las pruebas. ¡No hay opción! Los cristianitos inmaduros, nunca serán resistentes ni perseverantes. ¿No crees que en lugar de ser impacientes, deberíamos dejarnos llevar por la voluntad de Dios y permitir que su fruto crezca? Muchos al ser infructíferos, son como la conocida higuera de Marcos 11:13, son mucho follaje, muchas hojas, pero sin nada de fruto

¡Puras apariencias! ¿Sabes que le pasa a quienes inutilizando la tierra tratan de engañar a Dios y los demás con su supuesta "espiritualidad"? ¡Terrible el desenlace de la historia de esta higuera!

¿Cómo se logra estar gozoso mientras se espera la cosecha? ¡Con un corazón FIRME! *"Tened también vosotros paciencia, y afirmad vuestros corazones"* (Santiago 5:8a) Los dobles ánimos, el fluctuar en las emociones y los trastornos bipolares no son propios de quien con determinación es firme en su corazón. Mientras es justificable, que un niño cambie de humor de un momento a otro, es ridículo el adulto que se comporta de dicha manera. El creyente que le dice al pastor, que está dispuesto a ir con él a evangelizar o a otra labor ministerial, pero que a la mera hora sale con que: "dijo mi mamá que siempre no", "no me dieron ganas", "estaba muy cansado", y tantas más excusas absurdas que pudiese mencionar, las cuales sólo existen para tratar de justificar la INMADUREZ imperante en dicho corazón voluble. Una de las funciones del ministerio de la iglesia local, es afirmar el corazón del nuevo creyente (Romanos 1:11) El ilustre apóstol Pablo, envió a Timoteo con un propósito definido a la iglesia de Tesalónica: Establecer y afirmar a los cristianos jóvenes en la fe (1 Tesalonicenses 3:1-3), además de orar para que todos en la congregación fuesen afirmados (1 Tesalonicenses 3:10-13) Tanto el ministerio de la palabra de Dios, como la oración, son factores indispensables para que el corazón de los nuevos creyentes, sean establecidos; dejando así de vacilar en la inconsistencia de la inmadurez.

El labrador no se queda con los brazos cruzados, mientras espera con paciencia su cosecha, por el contrario, constantemente le veremos trabajando hacia la prosperidad de la misma. En ninguna parte de las Escrituras, como de la historia, encontraremos que los judío-cristianos receptores a primera instancia, de la epístola se pusiesen su túnica blanca y se hayan subido a las montañas a esperar el retorno de Cristo. ¡Por supuesto que no! Si bien es cierto que debemos ESPERAR LA VENIDA DE CRISTO, no es congruente estar pasivos mientras muchos se pierden. Hoy más que nunca debemos ser de acción, de trabajo, esfuerzo y paciencia. La advertencia de Jesucristo es clara: *"Bienaventurado aquel siervo al cual, cuando su señor venga, le halle haciendo así."* (Lucas 12:43)

La paciencia es fundamental en nuestras relaciones intrapersonales, sé que ya hemos hablado de ello, sin embargo, seré reiterante en este tema, pues evidencia con precisión, la calidad de nuestra madurez espiritual. El labrador no discute y contiende con sus vecinos mientras espera la cosecha. El ilustre Santiago evoca este tópico al puntualizar: *"Hermanos, no os quejéis unos contra otros,.."* (Santiago 5:9a) La impaciencia hacia Dios, generalmente nos lleva a la impaciencia con el pueblo de Dios y tan grave es esta nefasta actitud, que en el mismo versículo está implícita su condenación, Sí, quejarse está CONDENADO. Reconozco a Dios como el gran juez cuando le llevo mis asuntos a Él y no los divulgo entre los demás mortales, que al final de cuentas nada pueden resolver. ¿De casualidad, te has quejado con alguien hablando mal, de otra persona? ¿Has escuchado a quien deliberadamente habla algo mal aunque sea verdad, de alguien a sus espaldas? ¡Patética conducta que delata a su practicante como un fatídico NIÑO INMADURO espiritual! En realidad, parece una epidemia común del siglo XXI entre los "cristianos", juzgar lo que no se conoce; terrible es que sin pensar, se levanta el dedo largo y puntiagudo para señalar, a quienes predican la palabra de Dios, sólo porque "no se comparte" tal o cual visión. Muchas veces la crítica, llega a ser el precio que el ministro fiel sufre, aún de sus homólogos, quienes con malicia y usados por Satanás, no desean que éste se levante en el poder de Dios. Pastores que se quejan unos contra otros, miembros que se quejan ante el pastor, bueno ¡Toda una quejadera! Creo que si Dios se ha retrasado en su venida, es por el amor tan grande que te tiene, a fin de que hoy puedas arrepentirte haciendo el compromiso de no quejarte más, parloteando y juzgando lo que no te corresponde (2 Pedro 3:9) ¡Si alguien habla mal a tus espaldas, es porque no soporta que tu vayas adelante! Mientras el cristianito nene se queja, el creyente maduro sabe esperar ecuánime y sabio en el juicio de Dios, para lo cual será necesario tener paciencia (Romanos 12:19).

♣ LOS PROFETAS

La segunda iconografía a visualizar es la de los Profetas. Para la congregación judía intelectual en el Antiguo Testamento, no era difícil entender el porqué de tan lucido ejemplo, como muestra de una extraordinaria paciencia. En el famoso Sermón del Monte, Jesús usó este mismo cuadro, para proyectar una imagen de victoria sobre la persecución, y de gozo en medio de la aflicción (Mateo 5:10-12) ¿Cuál es el ánimo que recibimos al contemplar dichas escenas? Por un lado se encontraban en la voluntad de Dios, sin embargo, sufrían; Predicaban con denuedo y vehemencia la palabra y aun así eran perseguidos y violentados. No es una regla la idea de que siempre el sufrimiento sea el resultado, del pecado o la infidelidad a Dios, como muchos sectores lo creen. Loable es considerar, que habrá ocasiones, en que los sufrimientos sean a causa de nuestra fidelidad y sea allí, donde Dios madure nuestra vida, forjándonos en resistencia. Analiza el buen ánimo que el apóstol Pablo infunde al joven Timoteo, "Y también *todos* los que quieren vivir piadosamente en Cristo Jesús padecerán persecución;" (2 Timoteo 3:12) Espero y tal verdad, no esté entristeciéndote, a la vez que te decepcionas, de toda la "buena" vida color de rosa que te imaginabas; que pena delatarse un inmaduro espiritual. Nunca debemos pensar, que la obediencia automática traerá una vida fácil y placentera; Jesucristo fue obediente a la perfección y por su misma obediencia fue a la cruz.

El profeta nos anima con su valioso ahínco, a recordar que Dios tendrá cuidado de nosotros, cuando atravesemos esos valles de dolor, en los que no quisiésemos caminar. El salmo

23 una vez más relata lo que es vivir una vida cristiana guiada por el gran pastor: *"Aunque ande en valle de sombra de muerte, No temeré mal alguno, porque tú estarás conmigo; Tu vara y tu cayado me infundirán aliento."* (Salmo 23:4) Elías luego de denunciar el pecado del rebelde rey Acab (1 Reyes 18) reveló la consecuente aflicción para el pueblo, de una gran sequía por espacio de tres años y medio, aflicción en la que él mismo estaba incluido, sin embargo, Dios en medio de la misma, tuvo un especial cuidado para con él enviándolo al arroyo para sustentarlo. Al final, una vida de victoria y triunfo, es el resultado del esfuerzo y la obediencia en el profeta. Aprende bien esto: "La voluntad de Dios, nunca nos va a llevar donde su gracia no nos pueda guardar" ¡Que verdad tan grande!

Muchos de los profetas, tuvieron que sobrellevar grandes pruebas y sufrimientos, no solo a mano de los incrédulos, sino lo peor: de sus mismos conciudadanos "creyentes". Jeremías fue arrastrado como traidor y abandonado para que muriese en la cárcel. Dios fue fiel a su profeta y lo protegió, aunque las estadísticas sociales, estaban en contra pareciendo que allí sería su fin siendo muerto. Ezequiel y Daniel, compartieron dificultades en sus vidas, sin embargo, el Señor los libertó de cada una de ellas, y aun quienes murieron sufriendo por la fe, tuvieron la garantía de recibir una corona especial de vida, porque permanecieron fieles a Dios (Apocalipsis 2:10).

Cuando el tema sale en alguna conversación, que mantengo con algún integrante del equipo de liderazgo, se me cuestiona constantemente: ¿Por qué aquellos que son buenos y que hablan la palabra de Dios fielmente, tienden que sufrir más que otros? Creo convincentemente que así debe ser porque, la vida de dichas personas debe ser congruente con el mensaje que predican. El impacto que produce una vida de fidelidad a Dios, no tiene una medida humana con que comprobarlo, es allí cuando la PACIENCIA viene a ser la única evidencia y más aún, el testimonio que Dios utiliza, para reforzar nuestra vida e impactar a otros fortaleciéndoles.

¿Es cierto que muchos fieles cristianos, sufrieron y murieron sin ningún reconocimiento humano? Así es, no obstante, cuando Cristo retorne, aquellos que fueron héroes en el silencio de la oscuridad, recibirán su recompensa a la luz de todos. La historia es testigo de los millones de mártires, quienes sus últimas palabras fueron cánticos de alabanza y versículos bíblicos, mientras sufrían el escarnio de sus captores; pero aun, cuando su vida fue lúgubre para el mundo, no así en el reino de Dios, donde está preparado algo muy especial para ellos (Apocalipsis 22:12)

El ejemplo veraz de los profetas del antiguo testamento que Santiago usa, nos debiera animar a dedicar más tiempo al estudio de la Biblia y de esta manera, familiarizarnos con sus vidas las cuales a pesar de ser ordinarias, tuvieron valor para enfrentar con gozo las adversidades y obtener así victorias. *"Porque las cosas que se escribieron antes, para nuestra enseñanza se escribieron, a fin de que por la paciencia y la consolación de las Escrituras, tengamos esperanza."* (Romanos 15:4) Cuanto mejor conozcamos las Sagradas Escrituras, tendremos mayor fortaleza y preparación para enfrentar las dificultades. ¿Ahora entiendes, por qué soy reiterante es que leas tu Biblia? Lo importante es seguir trabajando como el labrador y testificando como los profetas, al grado de que seamos INMUNIZADOS ante las ásperas circunstancias que nos rodean.

♣ EL EJEMPLO DE JOB

"He aquí, tenemos por bienaventurados a los que sufren. Habéis oído de la paciencia de Job, y habéis visto el fin del Señor, que el Señor es muy misericordioso y compasivo" (Santiago 5:11) Definitivamente, no se pudiese comprobar nuestra madurez si no se nos somete a prueba, a menos que la tengamos, consideraremos nuestra calidad de resistencia.

No existen victorias sin haber batallas. Si anhelamos acrecentar nuestro haber espiritual, demostraremos que estamos preparados para nuevas bendiciones, esperando con entusiasmo las pruebas que les anteceden. Tanto los vientos fuertes como las tempestades, no durarán para siempre, así que hay que tener paciencia. Si bien es cierto, que al buscar cada vez más la presencia de Dios, el padre nos prospera y bendice, debemos tener en cuenta que en ello está implícito cierto grado de responsabilidad, para lo cual se nos dan las pruebas. El apóstol pablo, tuvo el alto honor de ser invitado a disfrutar por un instante el tercer cielo, donde aprendió tantísimas revelaciones maravillosas (2 Corintios 2:1-10), sin embargo, Dios le dio un problema en su carne para humillarlo. No sería novedad, que si no tuviésemos pruebas, fuésemos unos cretinos egocéntricos y es, ante este problema de la naturaleza humana que Dios forma un balance perfecto entre nuestros privilegios (sus bendiciones) y nuestras responsabilidades (el pasar con aprobación las pruebas) de otra manera no seríamos más que niños mimados, creyéndonos que todo mundo debe rendirnos atención y honores. La prueba entonces, es una necesidad vital en todo cristiano para producir paciencia, por lo que sería absurdo orar para que nos la sea quitada. Dios no te eximirá de la prueba, pero si estará a tu lado a la hora de este examen para ayudarte. Un episodio bíblico, que ha marcado mi vida en este tema es el que le sucedió a Sadrac, Mesac y Abed-nego. ¿No crees que Dios pudo haber evitado que los echasen en el horno, que Nabucodonosor había mandado calentar para ellos? ¡Claro que con chasquido de dedos ese horno pudo haber sido reducido a escombros y cenizas! (Daniel 3) Sin embargo, aunque Dios fue permisible y ellos entraron en el horno, allí siempre estuvo Jesucristo haciéndose presente. ¡Que extraordinario saber que Dios está contigo!

La historia de Job es por demás conmovedora: es un libro largo lleno de discursos, los que para la mente occidental en ocasiones, es difícil comprender con exactitud. Los primeros tres capítulos, nos hablan de la tensión de Job, el momento de la prueba en el que después de tenerlo todo abundantemente, se ve enfermo y carente de sus riquezas, de su salud, de su familia. (Excepto de su esposa la cual recomendó el suicidio). En los capítulos 4 al 31 encontramos la defensa de Job frente a las acusaciones falsas de sus tres "amigos". Y en los capítulos 38 al 42, tenemos como Dios liberta a Job extraordinariamente. Primero lo humilla, probando en él su dependencia con Dios y luego lo honra concediéndole el doble de sus riquezas anteriores. Al estudiar la experiencia de Job, es importante recordar que éste no sabía lo que estaba pasando detrás de su escenario terrenal; ignoraba las conversaciones entre Dios y Satanás, respecto a su persona. Sus amigos le acusaban de ser un pecador hipócrita, a lo que el patriarca nunca estuvo de acuerdo, sosteniendo en todo momento su inocencia durante las largas conversaciones. El resultado es, que estos tres, estuvieron equivocados todo el tiempo. Dios no tenía ninguna causa en contra de Job (Job 2:3) y al final, Jehová refuta a esos amigos de hablar mal contra Job (Job 42:7). Es difícil encontrar un ejemplo humano más grande que éste a lo que concierne al sufrimiento en la vida. Las circunstancias estuvieron siempre en su contra al perder casi todo, aun pareciera que Dios se haya vuelto contra él. En el momento que Job gritó desde el fondo de su corazón, para encontrar respuestas a sus preguntas, el cielo permaneció en silencio. ¿Te ha sucedido alguna vez, que sientes que un silencio sepulcral invade tu habitación, mientras derramas tus lágrimas? Fue allí, donde Job demostró ser paciente. La apuesta de Satanás, donde había predicho que Job se volvería impaciente y abandonaría su fe; fue disipada. Si bien es cierto, en un punto de su prueba, Job se pregunta sobre la voluntad de Dios, pero nunca dejo de creer (Job 13:15). Tenía tanta seguridad y confianza en Dios, que seguía firme en su argumento, aun cuando no comprendía lo que Dios estaba forjando en su vida. Esto, mis amigos, es una expresión de la más pura paciencia. Jesús el unigénito hijo de Dios, sufrió con gozo al ir a la cruz, no por sus pecados (pues es perfecto) sino por los de toda la raza humana; no era justo, es amor e intervino la paciencia.

Amigo, cuando te encuentres pasando alguna dificultad, nunca olvides que es Dios quien tiene el control del termostato (Job 23:10). El enemigo buscará muchas maneras para que seas impaciente para con Dios, porque un cristianito impaciente es una víctima fácil en las manos del diablo. Sabes que lo primero que siempre te atacará será la paciencia, para que pierdas toda bendición de lo alto y así devorarte lentamente. ¡Jamás le daremos lugar para ello! ¿Cuál es la respuesta a los ataques de satanás? *"Y me ha dicho: Bástate mi gracia; porque mi poder se perfecciona en la debilidad. Por tanto, de buena gana me gloriaré más bien en mis debilidades, para que repose sobre mí el poder de Cristo."* (2 Corintios 12:9). Pablo podía haber peleado contra ese aguijón en la carne, quizás haber dejado de creer o fluctuar en la doctrina, pero él no hizo así, más bien, continuó con denuedo predicando. Confió en que la gracia de Dios sería suficiente para satisfacer sus necesidades y entonces usó lo que parecía el arma de satanás en su contra, como una herramienta para modelar su vida espiritual cada vez más a la imagen de Cristo.

Cuando nos encontremos dentro del horno, no hay mejor lugar que ir en oración, al trono de gracia para recibir del Señor: la fortaleza para permanecer inmunes ante las circunstancias. (Hebreos 4:14-16) Al ser hijo de Dios, tienes el privilegio, de que el creador tiene un plan perfecto para ti, cuando lo reconoces hace la gran diferencia en tú vida.

La exhortación del versículo 12 (Santiago 5:12) pareciera fuera de lugar, pero no es así. ¿Qué relación tiene "jurar" con el problema del sufrimiento? Si es que en alguna ocasión has sufrido, creo que ya tienes la respuesta. Cuando uno sufre es muy fácil que la lengua comience a parlotear cosas sin sentido que no asimila la razón, algunos llegan hasta reclamar blasfemando el nombre de Dios, en momentos semejantes. Una vez más veamos la fotografía de Job: *"y dijo:*

Desnudo salí del vientre de mi madre, y desnudo volveré allá. Jehová dio, y Jehová quitó; sea el nombre de Jehová bendito. En todo esto no pecó Job, ni atribuyó a Dios despropósito alguno." (Job 1:21-22) Si bien es cierto, hay un instante en que pareciera Job hablar sin sentido al maldecir el día de su nacimiento (Job 3:1) pero nunca maldijo a Dios o hizo juramentos necios, nunca trato de negociar su situación con Dios. Afrontó su prueba con paciencia en todo tiempo. El apóstol Santiago, nos recuerda el sermón del monte predicado por Jesús (Mateo 5:34-37). Los judíos siempre habían sido expertos y dados a pronunciar diferentes clases de juramentos para reforzar sus declaraciones. Sin embargo, tenían mucho cuidado de no usar el nombre de Dios, para no blasfemarlo; poniendo elevada atención a éste importante mandamiento del decálogo. Así que, ellos juraban por el cielo, por la tierra, por Jerusalén, o por sus propias cabezas. Jesús enseño que es imposible dejar de mencionar a Dios en tales juramentos así que ordenó: *"Pero yo os digo: No juréis en ninguna manera; ni por el cielo, porque es el trono de Dios; ni por la tierra, porque es el estrado de sus pies; ni por Jerusalén, porque es la ciudad del gran Rey. Ni por tu cabeza jurarás, porque no puedes hacer blanco o negro un solo cabello. Pero sea vuestro hablar: Sí, sí; no, no; porque lo que es más de esto, de mal procede."* (Mateo 5:34-37)

Un principio del cristiano maduro es que es de pocas palabras. Quienes parlotean con explicaciones no pedidas llevan la culpa asumida. La persona que usa muchas palabras, incluyendo los juramentos para convencer a alguien denota inmadurez, algo anda mal en su carácter y por supuesto que sus palabras serán débiles y sin sentido. Si usted es un cristiano verdadero que se rige en integridad solo hay dos alternativas: un SI o un NO y la gente les ha de creer. Algo anda mal cuando luego de tu "si" o "no" no te creen, evidencia que eres un cristianito infantil, que volublemente cambia de parecer lo que es nefasto para tu insignia de madurez. Uno de los propósitos del sufrimiento es edificar nuestro carácter. Con certeza Job, fue un hombre mejor, luego de pasar su titánica prueba. Si las palabras son pruebas de nuestro carácter y nuestra calidad espiritual, el jurar indica que todavía hay mucho trabajo que hacer en nosotros mismos. Me llama la atención la frase de Sócrates cuando decía: "Habla para que yo te conozca". Cuando Pedro juró en la corte federal de Israel (Mateo 26:72) solo evidenció la debilidad de su paupérrimo carácter y la necesidad de una transformación interna la cual llegó hasta el día en que fue lleno del poder del Espíritu Santo. Recapitulando lo aprendido en esta lección, podemos observar la practicidad de la misma. Santiago nos anima a ser pacientes, en tiempos de sufrimientos permaneciendo hasta que Cristo venga y reine. Como el labrador, esperando nuestra cosecha espiritual, para llevar fruto que glorifique a Dios. Como el profeta, que espera la oportunidad para testificar y compartir las premisas eternas, sin importar el precio de la verdad. Y como Job; amando a Dios sobre las adversidades, sabiendo que estamos en sus manos y siempre tendrá el control.

♣PARA REFLEXIONAR

¿Con que actitud enfrenta las dificultades? ¿Confía en Dios como para cantar victoria en medio de la tormenta? ¿Se queja al grado de parlotear desazones durante la aflicción? ¿Cómo está su nivel de paciencia como para no quejarse de otros? ¿Cómo espera la segunda venida de Cristo?

♣VERSICULO A DISCUSIÓN

Santiago 1:4 Mas tenga la paciencia su obra completa, para que seáis perfectos y cabales, sin que os falte cosa alguna.

♣FRASE PARA PENSAR

"Los cristianitos inmaduros, nunca serán resistentes ni perseverantes. Quien es maduro es paciente, pues ha aprendido esperar en Dios" Claudio Kzooky Rodriguez

13. "El que no ora, se lo devoran"

La insignia de una vida de oración

Luego de un aparatoso accidente, en el que Katia Lorena Kaun Avalos se vio gravemente hospitalizada, su madre, la Lic. Gloria Avalos me testificó: *"Dios me dio fortaleza y no permitió que aceptara los diagnósticos médicos, ahora sé que eso se llama FE, y que cuando fui a la Iglesia Cristiana, fue que así lo dispuso Dios para mí. Me sentí tan a gusto, tanto que no me quería salir de ahí. Al expresar esa sensación me dije: "No me quiero ir, pero además no creo tener un enfermo y mucho menos que mi hija este tan grave en el hospital". Ese mismo día se me dió la noticia que Katia, mi hija estaba fuera de peligro, cuando un día antes se me había informado que ya no había nada que hacer. Yo grité a Dios, hoy sé que tomé el capítulo 33:3 de Jeremías, que dice: CLAMA A MI, y ello fue lo que hice. Dios me respondió al día siguiente con un resultado milagroso. Después, me aferre a 40 días, creyendo la palabra de la prueba, Dios cumplió; pues a 40 días del accidente, Katia tomó agua, se sentó y dejó el pañal. Eso significa, que no bebía ni una gota de agua, no se podía sentar y por supuesto que no podía ir al baño. Hoy compruebo la misericordia de Dios, ya que se ha glorificado en su vida y su persona, es la misma hija hermosa. Le creí a Dios y estaré siempre dispuesta con mi hija de contar las obras de nuestro Dios donde haya necesidad de hacerlo y las veces que sean necesarias. Mi agradecimiento eterno a mi Rey, Dios y Padre, Hijo y Espíritu Santo que ahora viven en mí y en mi casa".*

La oración en definitiva es el privilegio más grande que el cristiano posee. Martyn Lloyd-Jones escribe al respecto:

"Es la actividad más sublime del alma humana, y por lo tanto es al mismo tiempo la prueba máxima de la verdadera condición espiritual del hombre. No hay nada que diga tanto la verdad sobre nosotros como cristianos que nuestra vida de oración... En última instancia, por lo tanto, el hombre descubre la condición real de su vida espiritual cuando se examina en privado, cuando está a solas con Dios.." (Studies in the Sermon on the Mount, tomo 2; Grand Rapids: Eerdmans, 1979; p.45)

Mientras el cristianito inmaduro patalea berrinchando durante la aflicción, el cristiano maduro no se queja de las circunstancias, por el contrario, sabe orar en medio de las dificultades de la vida. Hablar de nuestras necesidades a Dios en oración es sin lugar a dudas una evidencia congruente de madurez cristiana. El estudio que ahora nos compete, Santiago nos anima a avivar nuestra vida de oración, para ello escribe cuatro factores por los que orar.

♣ORAR EN TIEMPOS DE AFLICCION

"¿Está alguno entre vosotros afligido? Haga oración..." (Santiago 1:13). ¿Qué hace el cristiano cuando siente las circunstancias difíciles? ¡Sabe orar! No debemos murmurar, ni criticar a aquellos que atraviesen su "valle de sombra y de muerte" (Santiago 5:9) Tampoco es digno echarle la culpa al Señor, de las devastadoras congojas por las que se estén pasando. Es el momento de orar, y pedirle a Dios la SABIDURIA que necesitamos, para comprender nuestra situación y cómo salir de allí dándole la gloria a Dios. (Santiago 1:5) La oración puede remover la aflicción, cuando Dios actúa bajo su poder sobrenatural, en los asuntos imposibles y ciclópeos, o bien, puede darnos la sabiduría espiritual para encontrar la salida en un "qué hacer", que en las penumbras del dolor no veíamos ante los asuntos posibles. De todas maneras, la oración es como la respiración para nuestra vida espiritual, la tenemos que desarrollar siempre y a cada instante, pues allí está nuestra adquisición de energía, poder y resistencia. Pablo oró para que

sus circunstancias cambiaran, no obstante, Dios le proveyó de fortaleza y sabiduría a causa de tales adversidades. (2 Corintios 7:11-10) Jesucristo oró en el huerto de Getsemaní y una extraordinaria fuerza vino a Él desde el cielo, mientras era ministrado por los ángeles, para ayudarle en los momentos dolorosos que vendrían al ir a la cruz y morir salvando a la humanidad.

Al ser la madurez, el control perfecto de nuestras emociones, el apóstol nos menciona las dos primeras de la lista de las seis reacciones psicofisiológicas. Por un lado la aflicción, pero por otro la alegría, exhortándonos a cantar cuando esta última se manifieste. (Santiago 5:13) La vida consiste en un equilibrio de ambas emociones, si bien Dios nos da pruebas para evaluar nuestra dependencia en Él, también nos brinda momentos de gozo extraordinario, en el que podamos elevar nuestra voz con todo el corazón.

Cualquier persona puede sentirse feliz y alegre, después de que las adversidades hayan pasado; sólo el cristiano maduro se siente alegre a través de ellas. ¿Cómo es esto? Si verdaderamente se confía en Dios ¡Claro que es posible! Pablo y Silas saben muy bien esto, tan es así, que en lo más cruel del sufrimiento, al estar encerrados en la cárcel de Filipo entonaban un cántico de victoria y triunfo. *"Pero a medianoche, orando Pablo y Silas, cantaban himnos a Dios; y los presos los oían"* (Hechos 16:25) La oración y la alabanza a Dios, siempre fueron actividades relevantes en la iglesia del primer Siglo, lo mismo que debiera ser para nosotros. Nuestros cánticos son la expresión de la vida espiritual interna. La oración nunca será mecánica y monótona, más bien es inteligente (RAZONADA) y dinámica (1 Corintios 14:15). Proviene directamente desde el corazón (Efesios 5:19) y debe ser avivada en la medida que nos llenamos del Espíritu Santo (Efesios 5:18b). Finalmente nuestra alabanza debe estar basada y afín con los preceptos de la palabra de Dios (Colosenses 3:16), de otra manera no sería alabanza.

♣ORAR POR LOS ENFERMOS

¿Quién no ha experimentado el poder de Dios en salud a través de una oración? El tema llega a ser polémico entre algunos sectores religiosos, sin embargo, creo que las sagradas escrituras son muy claras al respecto. *"quien llevó él mismo nuestros pecados en su cuerpo sobre el madero, para que nosotros, estando muertos a los pecados, vivamos a la justicia; y por cuya herida fuisteis sanados."* (1 Pedro 2:24) Cuando hablamos de sanidad, la Biblia es clara cuando se trata de la sanidad que recibe nuestro corazón al ser salvos, sin embargo, fruto de ello es la sanidad física que se experimenta en nuestro cuerpo a la que hoy nos referimos. Bajo, hasta ahora, mi corta experiencia, he podido ver extraordinarios milagros de sanidad divina, de los cuales en algunos, por su misericordia he podido ser usado por Dios, para elevar una oración y que ésta tenga un impacto en la salud de quienes he orado. No me cabe la menor duda, que para quienes creemos con fe, hay un poder sobrenatural al orar por los enfermos, poder que Jesús otorgo antes de partir: *"...sobre los enfermos pondrán sus manos, y sanarán."* (Marcos 16:18b) La sanidad divina, fue parte importante del ministerio de Jesús, a la par de la predicación y la enseñanza (Mateo 9:35), además, el maestro dice que quien tenga fe en Él podrá hacer lo mismo y desafía, que hasta aún más (San Juan14:12), recordemos que el apóstol Pablo siempre ejerció su ministerio con grandes señales y maravillas (Romanos 15:19). El prócer Santiago con exactitud enseño: *"¿Está alguno enfermo entre vosotros? Llame a los ancianos de la iglesia, y oren por él, ungiéndole con aceite en el nombre del Señor Y la oración de fe salvará al enfermo, y el Señor lo levantará; y si hubiere cometido pecados, le serán perdonados. ."* (Santiago 5:14 y 15) Aunque Dios, es permisivo con las enfermedades, para probar a sus hijos como en el episodio de Job, debemos saber que también muchas veces éstas nos atacan producto del trastorno espiritual llamado pecado. El apóstol Pablo, confiesa con puntualidad el porqué de las constantes enfermedades en la congregación de Corinto, tanto que muchos hasta habían muerto a raíz de ello. *"Por lo cual hay muchos enfermos y debilitados entre vosotros, y muchos duermen."* (1 Corintios 11:30) Permitiéndome hacer una eisegésis en el texto, pareciera que Santiago describe el caso de un feligrés de la congregación que a raíz de haber pecado, se encuentra enfermo en cama sin poder asistir a las reuniones, por lo que se hace necesario que llame a los ancianos de la iglesia. Dicho sea de paso, que al tenor bíblico es quien está enfermo quien llama y lo digo porque el cristiano inmaduro cree que el pastor o líderes, deberán adivinar su ausencia a los programas de la iglesia y se queja parloteando, cuando ni siquiera dio aviso que se encontró en una necesidad tal de oración. Amigo, en la Iglesia no se práctica la adivinación, así que llame cuando esté enfermo.

La sanidad física, al provenir de una óptima relación con Dios, inicia con la sanidad del corazón, Dios comienza obrar desde el interior del ser humano (donde ya expliqué lo que es el fondo) para dar lugar al fruto, a lo visible y resultante como la sanidad (que es lo que ya expliqué como la forma). Si el pecado, es el fondo de la forma enfermedad, el confesar en oración es el fondo de la forma sanidad. *"Confesaos vuestras ofensas unos a otros, y orad unos por otros, para que seáis sanados"* (Santiago 5:16a) Un factor determinante en la sanidad además del confesar el pecado es la fe (Santiago 5:15) ¿Por qué una oración de fe puede sanar? Sencillamente porque al tener fe, tomamos una actitud acorde a la voluntad de Dios y demostramos confiar en Él. *"Y esta es la confianza que tenemos en él, que si pedimos alguna cosa conforme a su voluntad, él nos oye. Y si sabemos que él nos oye en cualquiera cosa que pidamos, sabemos que tenemos las peticiones que le hayamos hecho."* (1 Juan 5:14-15)¿Es siempre la voluntad de Dios sanar? Como me encantaría que fuese afirmativo este cuestionamiento, sin embargo, la práctica de este ejercicio nos revela que no. (Pablo al parecer tenia este mismo conflicto en Romanos 8:26) ¿Quizás sea la voluntad de Dios llevarse al enfermo que yace sufriente sobre su cama a su hogar eterno? Yo no lo sé. Lo único que puedo hacer es orar, lo demás lo hace Dios bajo su soberano control.

Aquellos que piensan que Dios, tiene que sanar satisfaciendo nuestros más codiciosos caprichos y que nunca un fiel cristiano deberá estar enfermo, será porque quizás ignoren la experiencia práctica de la oración. Ahora, en la oración, Santiago específica a un grupo de ancianos y no a una específica persona en particular. Si bien, Dios en su multiforme gracia, levanta ministerios poderosos en el don de milagros y sanidad divina, debemos reconocer que es la sinergia en la oración, la que provoca los frutos en tales ministerios. La iglesia local no es para el llanero solitario, sino para un grupo determinado de creyentes, por lo que una oración en unidad, tiene un impacto titánico en lo que se esté pidiendo. Jesús enseño: *"Otra vez os digo, que si dos de vosotros se pusieren de acuerdo en la tierra acerca de cualquiera cosa que pidieren, les será hecho por mi Padre que está en los cielos."* (Mateo 18:19) ¿Sabes que satanás fue muy ingenuo al no separar a Pablo y Silas metiéndolos juntos a la cárcel? ¡El diablo cometió su peor error! Una vez más, el tema de la unidad cobra una importancia relevante en el cristiano maduro ¿Te das cuenta del porque debes ser solícito en estar unido con la iglesia local?

Algunas lecciones prácticas, dignas de reflexionar en este tema son: Por un lado, la desobediencia a Dios nos puede llevar a la enfermedad. Fue el caso de David cuando trato de ocultar su pecado (Salmo 32). En segundo lugar: el pecado afecta no solo a quien lo practica sino hasta quienes están a su alrededor, cuando hay un enfermo en casa no solo quien padece sufre sino toda la familia. Tercero: existe la solución para la sanidad espiritual y física cuando confrontamos el pecado. *"El que encubre sus pecados no prosperará; Mas el que los confiesa y se aparta alcanzará misericordia".* (Proverbios 28:13) No trate de aparentar ante el pecado como si nada hubiese pasado pues el juicio está a la vuelta de la esquina, mejor confiese y arrepiéntase verdaderamente al fin es lo que haría un cristiano maduro. Primeramente debemos confesar nuestro pecado a Dios *"Si confesamos nuestros pecados, él es fiel y justo para perdonar nuestros pecados, y limpiarnos de toda maldad."* (1 Juan 1:9) después, a quienes hallamos afectado con nuestras erradas actitudes. No se trata de ir por la vida confesando los pecados con todo el que me encuentre. Un pecado privado requiere una confesión privada. Un pecado público requiere una confesión pública. Es contraproducente tanto para la iglesia como para el individuo y hasta chisme ventilar las faltas personales en medio de la congregación por el simple hecho de confesarlas, cuando la congregación no tenía ni por que saberlo. Mis amigos, no dudemos al orar por salud, confrontemos el pecado y veremos como la sanidad, si es la voluntad de Dios, descenderá con luz desde lo alto. La conclusión final del versículo 16 es por demás interesante: *"La oración eficaz del justo puede mucho"* El poder de tu oración siempre estará regulado por la calidad de justicia que estés viviendo y ello es madurez, (Te recomiendo leer una vez más y meditar la frase anterior) no digo que viviendo impíamente no puedas orar, claro que puedes, sin embargo, la oración debe ser primero eficaz y segundo de un justo. ¿Cómo seré justo? Romanos 5:1 tiene la exacta respuesta.

♣ORAR POR LA NACIÓN

El apóstol Santiago, nos muestra al profeta Elías como un ejemplo extraordinario de oración. La referencia histórica al incidente que nos recrea, se le puede ver en 1 Reyes capítulo 17 y 18. El rey Acab y la maléfica Jezabel, habían llevado a la nación de Israel fuera de los preceptos de Dios arrastrándolos totalmente a la adoración a Baal. Dios, en su justicia, disciplinó a la federación, no dándoles la lluvia y produciendo así una desmesurada sequía en la tierra. Por tres años y medio, los cielos permanecieron cerrados y el suelo no pudo producir los elementos necesarios para la vida. Fue en ese instante en la historia de Israel, cuando Elías desafía a los profetas de Baal en el monte Carmelo. Durante la mayor parte del día, ellos clamaron a su dios, sin recibir respuesta. A la hora del sacrificio, Elías preparó el altar de la manera correcta e hizo el holocausto, sin embargo, no encendió fuego y por el contrario, mando a que le depositaran agua. Una oración fue suficiente para que descendiera fuego del cielo y consumiendo el holocausto, aun evaporó aquella agua de una manera poderosa. Probó a la nación que Jehová es el Dios verdadero, pero aún seguían necesitando agua. Era el momento de que Elías fuese a la cumbre del monte Carmelo y arrodillándose oró a Dios por lluvia para su nación. Al cumplirse siete veces, en que el sirviente se asomara para ver la respuesta de Dios, lo cual nos habla de perseverancia, vio una pequeña nube en lo que segundos más tarde se convirtió en una gran lluvia y la nación al fin fue salva. Permíteme preguntarte: ¿No crees que nuestra nación necesita con urgencia la lluvia espiritual hoy? ¿Qué estamos haciendo como cristianos por nuestro país? Puedes decirme: "Pastor, pero Elías era un gran profeta de Dios por lo que no es de asombrarse que Dios contestara a sus peticiones y haga maravillas a través de él". Santiago con puntualidad asevera, que Elías, fue un hombre como tú y como yo, sujeto a nuestra propia humanidad, no era el perfecto Elías, tan es así, que luego de una gran victoria, lo vemos con miedo y angustia a causa de las amenazas de la reina Jezabel; encerrado en la cueva de su depresión a la que corrió huyendo. Dios, enviando un ángel, le alimenta y le fortalece para continuar y salir victorioso en su ministerio. Elías siempre fue hombre justo, lo que significa que era obediente a Dios en lo concerniente a confiar en Él. Dios promete responder la oración de sus hijos, cuando confiamos en sus promesas.

Elías, no solo creía en la oración, sino que además era persistente. En el monte Carmelo continuó orando hasta que apareció la pequeña nube, es decir, la oración requiere perseverancia y para tenerla necesitamos ser pacientes. ¿Te das cuenta como hay una relación impresionante en cada insignia de nuestra madurez? Muchas veces dejamos de recibir las bendiciones de Dios, porque detenemos la oración. Existe una diferencia abismal, entre las vanas repeticiones de las que Dios no se complace y la persistencia. La oración que no abandona, es como la de aquella viuda que insistentemente clamaba justicia al juez injusto, de hecho al inicio se nos cita: *"También les refirió Jesús una parábola sobre la necesidad de orar siempre, y no desmayar..."*, (Lucas 18:1-8) Digo, si Dios es justo ¿Crees que tardará mucho en responder? Claro que no. ¡Dios no llega tarde, llega justo a tiempo! No desmayes al insistir, también nuestra perseverancia y nuestra fe pueden estar siendo probadas.

El cristianito inmaduro tenderá siempre a retroceder y mirar atrás, a lo que fácilmente puede ser presa del desánimo evidenciando su ineptitud en el reino y la debilidad de sus convicciones y fe. Aquí es cuando la paciencia para esperar en Dios cobra un significado profundo. David, el insigne rey de Israel exclamó: *"Pacientemente esperé a Jehová, Y se inclinó a mí, y oyó mi clamor. Y me hizo sacar del pozo de la desesperación, del lodo cenagoso; Puso mis pies sobre peña, y enderezó mis pasos. Puso luego en mi boca cántico nuevo, alabanza a nuestro Dios Verán esto muchos, y temerán, Y confiarán en Jehová".* (Salmo 40:1-3)

El poder de la oración, es el poder más detonante y poderoso que existe en el mundo. La historia es testigo del progreso humano. Primero, con la habilidad de la perfección en la comunicación y en las herramientas, luego el poder sobre los caballos, después en los barcos sobre los mares y en la industria el dominio de las maquinas. Más tarde con la invención de la dinamita, llegando hasta el T.N.T. Y aún más el vasto poder atómico y tecnológico. Sin embargo, existe un poder más sublime, aún más que la energía atómica, ese poder se llama ORACIÓN y está a tu alcance hoy mismo. Elías oró por su nación y Dios respondió con lluvia ¿No crees que ante las crisis nacionales hoy más que nunca debiéramos orar a Dios? Todo avivamiento inicia, con personas comunes decididas a tener un encuentro con Dios en la intimidad. Cristianos maduros, que al amar al Señor, disfrutan el tiempo que pasan con Él. Ahora bien, es una responsabilidad y privilegio orar por nuestros gobernantes y líderes, solo entonces viviremos con paz (1 Timoteo 2:1-3)

♣ORAR POR LOS EXTRAVIADOS

Aunque Santiago, no nos da específicamente un nombre por el cual él ora en estos versículos, el mensaje es implícito. Si oramos por los enfermos, seguramente necesitamos orar por nuestros hermanos que estén extraviados de la verdad y que como consecuencia de ello están experimentando el pecado. El verbo "errar" del versículo 19 (Santiago 5:19) nos clarifica que dichos cristianos, no solamente están en un error sino más bien que se han movido de la voluntad de Dios rigiéndose ahora por la voluntad del diablo. Con tristeza, denuncio que en muchas ocasiones, vivimos esta amarga experiencia en la iglesia actual, donde cada vez más abundan los cristianitos inmaduros que, en lugar de ser luz del mundo, con sus nefastas actitudes, denigran el evangelio, impidiendo que los inconversos a su alrededor sean salvos. Generalmente, el pecado es el desenlace de un declinamiento gradual en la vida espiritual. Tal condición es, por supuesto muy peligrosa, ya que se podría además de estar buscando la disciplina del Señor (Hebreos 12) corriendo el peligro de perder la salvación *"¿cómo escaparemos nosotros, si descuidamos una salvación tan grande?"* (Hebreos 2:3a). Quien se ha extraviado de la verdad, ha dejado de lado a Dios y a su palabra (San Juan 17:17). El escritor de la epístola a los Hebreos con puntualidad afirmó: *"Por tanto, es necesario que con más diligencia atendamos a las cosas que hemos oído, no sea que nos deslicemos".*(Hebreos 2:1) Definitivamente una cosa es segura, que quien no pone atención a la palabra, va a caer extraviándose de la fe al volver al pecado. Y el pecar en la vida de quien se ha profesado ser cristiano, viene a ser mucho peor que el incrédulo.(2 Pedro 2:21-22) ¿Cuál debe ser nuestra actitud cuando vemos que un hermano se ha extraviado de la verdad? El cristiano inmaduro, que no resiste controlar su lengua; murmura y critica agravando para sí mismo una terrible condenación, no obstante, el cristiano maduro ora por aquel que se ha extraviado y busca como ayudarle a volver al camino. Uno de los ingredientes principales en tener una interrelación correcta, es aprender a cómo reconciliarse rápidamente. La Biblia enseña, que la reconciliación, es el proceso que reúne a Dios y al hombre. Dios y el hombre habían estado separados debido al pecado (*Isaías 59:2*). Pero Dios, mostró su amor por nosotros al darnos a su hijo como medio de RECONCILIACIÓN. Con el sacrificio de Cristo, el pecado del hombre está reparado y ya no hay más ira de Dios. Así, la relación de hostilidad y de enajenación, se cambia por una de paz y convivencia espiritual. Dios dio un ejemplo muy valioso, cuando decidió darnos a Su unigénito por nosotros (*Juan 3:16*). Él nos mostró la importancia de la relación amorosa. Dios tomó la iniciativa para restablecer nuestra relación con Él aunque Él no fue el que inicio la separación. En *2 Corintios 5:17-20*, observamos que Dios nos da el ministerio de la reconciliación. Por lo tanto, de la misma manera, que Jesús fue humilde para restaurar nuestra relación con Él, así debemos de hacer con nuestros hermanos, hermanas, maridos, esposas, familiares y amigos. ¡Debemos aprender a edificar no destruir! Como es importante buscar a los incrédulos también lo es rescatar a los extraviados para que regresen al camino de la verdad. Si un hermano ha pecado en contra nuestra, debemos hablar con él en privado y tratar de resolver el asunto. Si nos escucha, ya hemos ganado un alma más para el reino. (Mateo 18:15) El amor juega un papel determinante, al instante de ayudar a otros, ya que el amor cubre multitud de pecados. (1 Pedro 4:8) SÓLO QUIEN VERDADERAMENTE TIENE A DIOS; AMA, AYUDA Y RESTAURA. Tanto Santiago como el apóstol Pedro, parecen evocar el ilustre proverbio del sabio Salomón: *"El odio despierta rencillas; Pero el amor cubrirá todas las faltas."* (Proverbios

10:12). No confundamos que el amor ocultará las faltas. Donde hay amor, por supuesto que hay verdad (Efesios 4:15) Donde hay verdad, habrá una confesión honesta del pecado, tan es así, que el arrepentimiento verdadero traerá frutos de justificación en quien se acerca al trono de su gracia.

La interpretación bíblica, es más que contundente para no ser indiferentes a quienes se extravían. ¿Pero, qué de los que están extraviados del conocimiento bíblico? El pecador en sí está perdido sin Dios vagando en las penumbras de su vida, por lo que su destino final será la condenación. Lucas capítulo 15 nos menciona tres cuadros a contemplar: la moneda perdida, la oveja perdida y el hijo perdido. Todos ellos necesitaban ser encontrados y vueltos al lugar que pertenecían. Aprendemos de Jesús, el evangelismo; tanto personal como colectivo para ayudar a otros a encontrar luz en sus vidas. Mientras el cristianito inmaduro es insensible ante la necesidad de Jesús, que tiene quienes le rodean; evangelizar es una actividad y hasta hábito propio del cristiano maduro, pues con ello evidencia que es sabio. *"El fruto del justo es árbol de vida; Y el que gana almas es sabio."* (Proverbios 11:30) Aquel que gana almas, es un embajador de paz (2 Corintios 5:20).

Tanto en Zacarías 3:2 como en Judas versículo 23 encontramos una imagen dinámica del ganador de almas como si fuese un bombero que está sacando y rescatando personas del peligro del fuego. El ilustre Juan Wesley aplicaba muy bien esta alegoría en sus disertaciones, pues recordaba que cuando él era niño fue sacado de la casa ardiente donde se encontraba, cuando parecía que ya sería muy tarde. Jesús comparó el evangelismo con el sembrar y cosechar (San Juan 4:34-38) además, el apóstol Pablo se valió de la misma ilustración, para escenificar dicha actividad (1 Corintios 3:6-9) Como colaboradores de este santo ministerio (1 Corintios 3:9) no son permitidas las rivalidades, ni la egoísta competencia sino que más bien trabajamos juntos en amor compartiendo la unidad, como miembros diversos de un mismo cuerpo y con ello, evidenciamos portar las insignias de madurez requeridas, para ser portadores de la exorbitante y vasta Gloria de Dios.

Para concluir, viene a mi mente el magnífico cántico que Oscar Medina entonó: "El poder del cristiano está en la oración, el que ora constante vencerá en todo tiempo la tentación...". Mis amigos, orar no es una opción, más bien es una característica vital, en quien es maduro en su vida espiritual.

En una ocasión leí que la popularidad de una iglesia, se medía por la asistencia a sus reuniones de enseñanza, la popularidad del pastor; por los congregantes en el mensaje del domingo, pero la popularidad de Jesús por la cantidad de asistentes a las reuniones de oración. ¿Qué lugar realmente ocupa Dios en tu vida? ¿Ya oró hoy?

♣PARA REFLEXIONAR

¿Qué importancia tiene en mi vida la oración? ¿Que estoy haciendo por alcanzar a los extraviados como a los inconversos? ¿Acostumbro orar ante las dificultades o me desespero irracionalmente? ¿Práctico la oración celebrando un altar familiar? ¿Estoy preparado para orar no solo por mis peticiones sino por la de los demás en amor?

♣VERSICULO A DISCUSIÓN

Filipenses 4:6 Por nada estéis afanosos, sino sean conocidas vuestras peticiones delante de Dios en toda oración y ruego, con acción de gracias.

♣FRASE PARA PENSAR

"Cuando tus rodillas toquen el suelo, tu corazón tocara el cielo; Hoy es tiempo de orar" Claudio Kzooky Rodriguez

AutoEvaluación

La hora de la verdad

Al llegar a esta página me gozo en haber compartido premisas bíblicas que harán de usted un extraordinario cristiano maduro, preparado no solo para portar la Gloria de Dios donde quiera que se encuentre sino además listo para el gran día en que Cristo venga por su Iglesia. He aquí algunos reactivos que le ayudarán a auto evaluarse, reflexionando así, si realmente ha crecido. Sea muy honesto y conciso. ¡Comencemos!

1. - ¿Me preocupo sobre mi madurez espiritual o soy indiferente al tema prefiriendo no hablar de él?

2. - ¿Cómo reacciono ante las pruebas, me son una carga y motivo de excesiva aflicción o las tolero con gozo sabiendo que las pasare confiado en el poder de Dios?

3. - ¿Juego con la tentación pues se me hace placentera o la resisto tajantemente desde el inicio consiente de sus nefastas consecuencias?

4. - ¿Tengo poder en el control de mi lengua o no soy consciente de lo que digo, hablando lo que quizás más tarde me arrepiente de haber dicho?

5. - ¿Con que frecuencia leo mi Biblia para obedecerle reconociendo que es la palabra de Dios?

6. - ¿Cómo me ven los demás, soy amistoso y trato de mantener sanas relaciones con todos o soy conflictivo tanto que muchos me ven con cierto rechazo por el ambiente desagradable que provoco donde me encuentre?

7. - ¿Mantengo una fe dinámica, accionando en lo que creo o me baso solo en emociones y sentimentalismos fluctuantes, sin nunca concretar nada?

8. - ¿Me sostengo firme en la sabiduría de la palabra de Dios o prefiero la filosofía del mundo para dirigir mi vida, al fin esta última es más cómoda, pues todos la hacen?

9. - ¿Pueden los demás recurrir a mí, en busca de un buen consejo, sabiendo que siempre lo tendré cimentado en la palabra de Dios?

10. - ¿Me considero amigo de Dios, sin embargo hay cosas que del mundo me atraen, que aún me es difícil quitar de mi vida?

11. - ¿Hago planes pensando solo en mis proyectos, sin consultar cuál sea la voluntad de Dios, dirigiendo Él mi vida?

12. - ¿Soy avaro con el dinero y me gustaría que solo fuese para mí, sin pensar en compartir, diezmar u ofrendar en la iglesia?

13. - ¿Cuándo me encuentro en dificultades sé orar o genero berrinches y disparates, que solo escandalizan a quienes están a mi alrededor?

14. - ¿Soy un cristiano que atraigo a otros, para pedirme que ore por sus necesidades?

15. - ¿En mi actitud, con quien se ha extraviado, lo critico y murmuro a sus espaldas u oro por él tratando de ayudarle para restaurarlo en amor?

para concluir...

¡Felicidades!, sé que si has puesto en práctica todos las insignias ¡Haz madurado espiritualmente! Encontrándome en un evento que congregaba diversas Iglesias de la zona donde radico, escuché predicar al Dr. Daniel de los Reyes Villareal. Quien en su disertación nos compartía acerca de la necesidad imperante que es crecer. Cuenta, que luego de estar preocupado porque uno de sus hijos no crecía como se esperaba, lo llevaron con el médico para obtener una respuesta. A lo que docto en la materia, les enseñó tres factores importantes para que un niño crezca y se desarrolle. Primero: comer bien; el alimento es sustancial para aportar los nutrientes requeridos y así el cuerpo pueda desarrollarse. Segundo: hacer ejercicio. El movimiento provee el estiramiento necesario de los músculos y los fortalece. Y tercero: descansar. La medicina moderna, ha comprobado que mientras dormimos, el cuerpo no solo crece sino que hasta se regenera y nos prepara para una vida productiva y de actividad. Lo mismo sucede espiritualmente, ahora que has digerido las proteínas de la epístola de Santiago ¿Cómo te sientes? ¡Que platillo tan suculento! La palabra de Dios es nuestra dieta diaria para desarrollarnos como cristianos maduros. Luego, practicar lo que aprendemos, viene a ser el ejercicio, donde a través de diversas pruebas, nuestros tendones se fortalecen, haciéndonos más resistentes, sanos, fuertes y hasta inmunes a las enfermedades del pecado, es decir, los virus y bacterias no penetran nuestro cuerpo. Por último: aprendemos a descansar en Dios y sus promesas, teniendo una vida bienaventurada y en paz. El gozo nos inunda al ser victoriosos, júbilo hay constantemente. Ya no más serás un nene, ahora la verdad testifica que evidentemente, ya eres todo un cristiano maduro, listo para llevar abundante fruto y con la certeza de estar preparado para cuando Cristo retorne por su pueblo. ¡Si, ven Señor Jesús!

Pastor Claudio Kzooky Rodriguez

Printed in the United States
By Bookmasters